청 일 전 쟁 에 서
아시아 · 태평양전쟁까지

제국의
건설과
전 쟁

이 책은 2020년 대한민국 교육부와 한국연구재단 지원에 의하여 연구되었음. (NRF-2020S1A5C2A02093112)

청일전쟁에서
아시아·태평양전쟁까지

제국의
건설과
전　쟁

—— 김진기 지음 ——

이담북스

프롤로그

이 책에서 필자는 전쟁을 매개로 일본의 근대에 접근하고자 했습니다. 근대를 이해하고자 하는 독법(讀法)에는 여러 가지가 있습니다. 교육, 정치, 경제, 과학, 문화…… 이 책은 전쟁의 프리즘으로 일본의 근대를 이해하고자 합니다. 근대는 우리에게 물질적 풍요와 편리함을 가져다 주었습니다. 그러나 근대에 밝은 면만 있는 것은 아닙니다. 그림자도 있습니다. 대량생산이 가능했다면 대량살상 또한 가능해졌습니다.

일본의 근대는 전쟁으로 점철된 역사였습니다. 치밀하게 준비한 전쟁으로 제국을 건설했고, 무모한 전쟁으로 제국을 무너뜨렸습니다. 쇄국을 고수하고 있었던 반(反)막부 세력이 개국으로 돌아선 것도 전쟁을 통해서였습니다. 근대화의 시작부터가 전쟁이었던 것입니다.

1864년, 영국을 비롯한 서구의 4개국 연합함대는 시모노세키를 포격하기 시작합니다. 시모노세키 전쟁의 시작입니다. 영국은 이보다 1년 전 이미 반(反)막부세력인 죠슈(長州)번, 사쓰마(薩摩)번과 충돌한 적이 있습니다. 이 전쟁을 계기로 사쓰마와 죠슈는 쇄국을 포기하고 개국으로 돌아섰습니다. 페리 제독이 흑선으로 막부를 윽박질러 개국을 독촉한 지 10년

이 지난 시점이었습니다.

이후 일본은 제국을 건설하는 데 모든 노력을 경주했습니다. 1905년, 러일전쟁에서의 승리는 40년 동안의 노력으로 제국 건설이 완성되었음을 의미하는 것이었습니다. 이후부터는 제국을 경영하는 시대로 들어섰습니다. 한반도와 만주를 장악하고 중국 본토까지 침략해 들어갑니다. 그러나 이후 40년 동안 전쟁에 치중했던 제국 경영은 일본을 파멸로 몰아넣었습니다. 러일전쟁으로부터 40년 후인 1945년, 일본은 미주리 함상에서 항복 문서에 조인했습니다. 패전으로 대일본제국은 역사 속으로 사라졌습니다.

따지고 보면 일본만 그런 것은 아니었습니다. 근대화에 성공한 국가는 타 지역을 식민지화했고 비윤리적인 행위를 자행했습니다. 전쟁을 통해서였습니다. 이 과정에서 근대의 이성과 합리주의는 통용되지 않았습니다. 전쟁과 지배는 서로에게 증오를 남겼습니다. 일본이 일으킨 전쟁과 식민 지배 또한 여전히 우리의 일상에 영향을 미치고 있습니다.

전쟁에서 약자들은 죽음을 맞이하고 모든 것을 빼앗깁니다. 전쟁은 약자들에게 아픔과 슬픔, 그리고 증오를 남깁니다. 힘을 가진 이들은 살아남을 뿐 아니라 전리품을 획득합니다. 승리했다고 훈장을 수여하고 파티를 엽니다. 그러나 승리는 자신의 죽음도 전제로 합니다. 죽은 사람에게 훈장과 파티가 무슨 의미가 있을까요? 전쟁에서의 승리와 파티는 살아남은 자를 위한 수사(修辭)와 의례에 불과합니다. 전쟁에서는 결국 모두가 패배자일 뿐입니다.

전쟁은 교과서 상으로만 존재하는 것은 아닙니다. 평화도 그냥 주어지는 것은 아닙니다. 굴종적인 평화가 바람직한 것도 아니지요. "평화를 원하거든 전쟁에 대비하라"라는 유명한 말도 있습니다. 이 책에서 나타난 근대 일본의 행적을 통해, 오늘날 우리는 무엇을, 어떻게 준비해야 할 것인지, 그리고 우리의 미래가 어떠해야 하는지를 생각하는 계기가 되었으면 좋겠습니다.

2023년 1월
김진기

1

전쟁이란?

우리가 이 책에서 다루고자 하는 주제, 즉 연구대상이 되는 전쟁을 어떻게 개념 정의할 수 있을까요? 단순하게 설명하면 전쟁이란 둘 이상의 국가 사이에서 벌어지는 물리적 폭력을 수반하는 충돌입니다. 물론 사회 내 집단 간의 단순한 투쟁도 넓은 의미에서는 전쟁이라 할 수 있습니다. 그러나 이런 경우에는 내전, 반란 등과 같이 다른 식으로 표기하는 경우가 많습니다.

그렇다면 "국가 사이에서 벌어지는 물리적 폭력"이라는 정의에서 국가란 무엇일까요? 그리고 폭력의 규모가 어느 정도가 되면 전쟁이라 할 수 있을까요? 전투 없이 서로 위협 사격만 가해도 전쟁이라 할 수 있을까요, 아니면 인명이나 재산상의 피해가 어느 정도 되어야 할까요? 이것들에 대한 검토가 먼저 이루어져야 앞으로의 설명이 순조롭게 나아갈 수 있겠지요.

먼저 엄밀한 의미에서 전쟁에 대한 정의를 내릴 때 가장 중요한 기준은 행위자와 규모에 대한 것입니다. 즉 싸움의 주체가 누구인가, 그리고 폭력의 규모가 어느 정도인가에 대한 기준입니다. 이에 대해서 전쟁 연구자들이나 연구기관에서는 "당사자 중 한 편이 국가인 정치집단 사이에서 야기된 무력충돌로 전투 사망자 1천 명 이상을 발생시킨 사건"으로 정의하고 있습니다.[1] 그렇다면 전쟁의 주체인 국가란 과연 무엇일까요? 이에 대해서는, 다음 장에서 설명하도록 하겠습니다.

전쟁은 인간의 역사가 시작된 이후 끊임없이 반복되었을 뿐 아니라 인간의 생활에도 많은 영향을 미쳤습니다. 군인으로 징발되어 끌려나가는가하면, 자원을 동원하는 과정에서 개인의 자유와 재산은 많은 제한을 받았습니다. 그러나 역설적으로 전쟁은 기술발전에 크게 기여했습니다.

성을 쌓아 수비하고 공격하는 과정에서 새로운 건축술이 나타났습니다. 바다에서의 전투에 이기기 위하여 더 빠르고 튼튼한 함선이 개발되었습니다. 공중에서 적을 제압하기 위하여 프로펠러 전투기가 대거 동원되었을 뿐 아니라 제트 엔진 또한 출현했습니다. 산업화와 기계화에 의한 생산력의 비약적 증대가 근대화의 양지라면, 그 반대편에는 대량살상과 폭력의 세계화가 있었습니다.

전쟁은 왜 발생하는 것일까요? 둘 이상의 행위자가 서로의 의견이 맞지 않을 때 갈등은 생겨납니다. 이 갈등과정에서 상대방에 대하여 자신의 요구를 관철하고 목적을 달성하기 위해 폭력을 행사할 때 전쟁은 발발합니다. 행위자(actor)들 사이의 갈등을 해결하기 위해서 동원되는 구체적 수단이 바로 권력 또는 힘(power)입니다. 권력은 사람이건 국가건 행위자 간의 갈등을 해결하는 가장 구체적인 수단입니다.

그럼 권력이란 무엇일까요? 이 책의 주제인 전쟁을 살펴보기 위하여 먼저 권력에 대해 살펴보도록 하겠습니다.

1.1. 권력(power)이란?

권력을 간단하게 정의한다면, "둘 이상의 행위자 사이에서 상대방의 의사와 관계없이 자신의 의사를 관철시킬 수 있는 힘 또는 능력"을 말합니다.[2] 이러한 권력갈등은 개인 사이에서도 나타날 수 있고 조직 또는 국가와 국가 간에도 나타날 수 있습니다. 국가와 국가 간에 나타나는 권력의 갈등이 물리적 충돌로 전개될 때 전쟁이 되는 것이지요. 그럼 권력이란 무엇인지에 대해서 조금 더 살펴보기로 하겠습니다.

권력은 정치학의 주된 분석개념입니다. 경제학에서는 인간사회를 이해하는 가장 중요한 개념을 재화와 시장으로 파악한다면, 정치학은 인간사회를 이해하는 가장 중요한 것이 권력과 국가라고 봅니다. 앞서 언급한 바와 같이 권력이란 둘 이상의 행위자 사이에서 상대방의 의사와 관계없이 자신의 의사를 관철할 수 있는 힘 또는 능력을 말합니다. 상대방에게 자신의 의사를 관철하는 방법으로서는 '단순하게 생각한다면' 대체로 세 가지를 들 수 있습니다.

첫째는, 강제적으로 자신의 목적을 달성하는 방법입니다. 정치학에서는 이러한 권력을 강제적 권력(coercive power)이라고 합니다. 강제적 권력이란 말 그대로 물리적 폭력을 동원하여 상대방에게 자신의 의사를 관철하는 것입니다. 공부하지 않는 아이에게 매를 들어 공부시키는 방법, 러시아가 자국의 목적을 관철하기 위하여 우크라이나를 침략한 행위 등이 대표적인 예라 할 수 있겠지요.

그러나 자신의 목적을 달성하기 위하여 반드시 강제력에 의존할 필요는 없습니다. 상대방이 원하는 것을 해줌으로써 자신의 의도를 관철할 수도 있습니다. 상대에게 보상을 제시한다는 의미에서 이는 보상적 권력(compensatory power)이라고 합니다. 보상적 권력이란 상대방에게 물질적이든 정신적이든 보상을 통하여 자신의 의사를 관철하는 것입니다. 열심히 공부하여 성적이 오르면 휴대폰을 사주겠다는 부모의 약속, 북한이 핵을 포기하면 경제적 지원을 하겠다는 미국의 약속과 같은 것은 보상적 권력의 전형적인 예가 될 수 있을 것입니다.

마지막으로 들 수 있는 것은 규범적 권력(normative power)입니다. 규범적 권력이란 전통이나 관습, 가치 등과 같이 오랜 기간에 걸쳐 만들어진 권력입니다. 예를 들어 물리력이나 보상이 없어도 부모님을 존경하여, 또는 부모님의 말씀을 추종하여 열심히 공부하는 경우는 규범적 권력의 대표적인 예입니다. 이러한 권력 관계는 시간과 노력이 많이 들지만 일단 관계가 형성되면 물리력의 행사나 보상의 필요가 없으므로 더 이상의 비용이 들지 않습니다. 부모님 또는 연장자를 공경하고 따라야 한다는 유교 질서는 오랜 기간에 걸쳐 만들어진 일종의 규범적 권력이라고 할 수 있습니다.

제2차 세계대전 이후의 세계질서에서 나타난 미국의 지도력 또한 규범적 권력이 많이 작용하는 예라고 할 수 있습니다. 전후 패권국으로 부상한 미국의 지도력은 미국이 지닌 군사력이나 경제력만으로 유지되는 것은 아닙니다. 즉 군사력이나 경제력 못지않게 미국이 내걸고 추구하는 민주주의와 인권 등에 대한 미국의 가치를 많은 국가가 인정하고 받아들이기 때문에 미국의 지도력이 확립되었다고 할 수 있습니다.

미국의 국제정치학자 나이(J. Nye)는 국가의 힘이나 권력을 경성 권력(hard power)과 연성 권력(soft power)으로 나누어 살펴보고 있습니다. 경성 권력은 군사력이나 경제력과 같은 권력입니다. 반면 연성 권력은 문화적 영향력 또는 정치적 가치 등을 의미합니다. 영어로 대표되는 언어는 문화적 권력의 대표적인 예입니다. 근대 이후의 세계질서에서 동양적 가치를 대신하여 자리잡게 된 서구적 가치는 연성 권력인 동시에 규범적 권력이라고 할 수 있을 것입니다.

이상에서 살펴본 권력의 모습은 단순하게 살펴본 일차원적 형태의 '눈에 보이는 권력'입니다. 일차원적 형태란 다른 행위자에 대해 한 행위자가 직접 자신의 의지를 관철한다는 의미입니다. 그러나 권력이 항상 이렇게만 작동되는 것은 아닙니다. 즉 자신도 모르는 가운데 상대방의 의도대로 움직이거나 상대방의 예상되는 반대나 반발을 아예 배제해 버리는 경우도 있습니다. 대표적인 예가 '무의사결정권(non-decision making power)'입니다.

'무의사결정권'이란 단어는 영어를 그대로 번역하다 보니 조금 이해하기가 어렵게 보이지요. '무의사결정권'은 말 그대로 어떤 행위자가 아무런 의사를 표시하지 않음에도 불구하고 결정이 되어 버리는 것을 의미합니다. 이는 어떤 행위자가 '특정 이슈를 어떻게 다루는가'라는 것보다는 '왜 중요한 이슈가 다루어지지 않는가'에 초점을 맞추고 있습니다. 즉 특정 이슈가 대중들 사이에서 부각되지 않도록 의제에서 배제해 버리는 방법입니다.

전체주의 또는 권위주의 국가에서 나타나는 언론 보도 등은 대표적인 예입니다. 즉 언론에서 이슈 자체를 다루지 않음으로써 대중들의 관심사가 되지 못하게 하는 것이지요. 우리나라에서 과거 학생들의 민주화 시위가 언론에서 전혀 다루어지지 않았던 경우, 홍콩 민주화 운동이 중국의 언론에서 전혀 다루어지지 않았던 경우와 같이 우리가 조금만 관심을 가진다면 우리 주변에서도 많은 예를 살펴볼 수 있습니다. 광주민주화운동이 초기에 언론에서 일절 보도되지 않았던 경우는 무의사결정권을 이용한 당시 정부의 권력 행사라 할 수 있습니다.

이 외에도 '잘못된 믿음'을 상대방에게 심어줌으로써 상대방을 자신의 의도대로 움직이는 방법도 있습니다. 마르크스가 주장하는 허위의식은 이의 대표적 예입니다. 마르크스는 지배계급이 피지배계급에 대한 자신들의 지배를 정당화하기 위하여 피지배계급에 잘못된 믿음을 심어주고 있다고 보았습니다. 그리고 이것을 '허위의식(false consciousness)'이라고 명명했습니다.

예를 들어, "열심히 노력하면 누구나 잘 살 수 있다" 또는 "어렵고 힘든 상황은 자신이 노력하지 않았기 때문이다"와 같은 믿음은 잘못된 것이라는 겁니다. 자본주의 사회에서 계급 간 이동은 거의 불가능함에도 불구하고 이러한 믿음을 심어줌으로써 지배계급은 자신들의 지배를 정당화한다는 것이지요. 자본주의 사회의 상부구조, 즉 국가와 문화, 이데올로기 등등은 지배계급의 지배를 정당화하고 이들의 이익을 위해 허위의식을 심어주기 위한 여러 가지 기제에 불과하다는 것입니다. 그에 의하면 국가는 지배계급의 도구에 불과하고 자본주의 체제에서의 문화와 이데올로기는 지배계급의 정당화를 위한 수단에 다름 아니라는 것입니다.

이제까지 권력이 작동되는 기제에 대해 알아보았습니다. 물론 이러한 권력작동 기제가 오로지 한 요소에 의해 배타적으로 작동되지는 않을 것입니다. 예를 들어, 아이에 대한 부모님의 권력 행사는 상황에 따라,

그리고 사안에 따라 각각의 권력들이 복합적으로 섞여서 이루어지게 되 겠지요.

또 다른 예로서, 국제관계에서 나타나는 미국의 권력 행사 또한 상대 국 가가 어떤 국가인지, 그리고 국제적 환경과 상황이 어떤지에 따라 각각의 요소들이 얽혀서 복합적으로 나타납니다. 즉 권력은 위에서 살펴본 한 가 지 요소에 의해 단순하게 행사되지는 않습니다. 자신의 의도를 관철하기 위하여 특정 이슈가 논의의 대상이 되지 않도록 의제에서 배제하는 방법 도 있는가 하면, '잘못된 믿음'을 상대방에게 심어주어 상대방을 특정 방 향으로 움직이는 방법도 있습니다.

국가 간의 관계에서도 이러한 움직임은 마찬가지로 나타납니다. 상대 국가를 자신들의 의도대로 움직이기 위해 강제적 권력이나 보상적 권력, 규범적 권력뿐 아니라 가능한 모든 수단을 다 동원하기도 합니다. 상대 국가를 혼란에 빠트리기 위해 거짓 정보를 퍼뜨리는가 하면 상대국 국민 을 상대로 여론전을 펼치기도 합니다. 여론을 호도하기 위한 선전 선동, 오늘날 많은 문제가 되는 가짜뉴스들 또한 이러한 맥락에서 접근할 수 있 습니다.

그러나 일차원적인 권력과 같이 비교적 쉽게 드러나는 권력 기제가 있 는 반면, 그렇지 않은 접근법과 수단을 통한 권력 행사도 있습니다. 이러 한 권력 행사는 은밀하게 이루어지는 경우가 많기 때문에 밝혀지지 않는 경우가 많습니다. 러일전쟁 당시 러시아에서 노동자들의 시위와 농민들의 봉기를 지원하여 차르 체제를 곤경에 빠트렸던 일본의 군인이자 스파이였 던 아카시(明石元二郎)의 공작, 중국과의 전쟁을 유도하기 위한 일본 육 군의 공작 등은 전쟁이 끝난 한참 뒤에 밝혀진 사례들입니다.

이상에서 살펴본 권력의 작동방식, 즉 상대방에게 자신의 의사를 관철하는 방법은 주로 권력을 행사하는 행위자에 초점을 맞춘 것이라 할 수 있습니다. 그러나 어떤 행위자는 자신의 의지와는 상관없이 특정한 행동을 할 수밖에 없는 상황에 놓이기도 합니다. 이러한 권력은 행위자의 의지와는 상관없이 행위자의 행동을 결정짓게 됩니다.

예를 들어, 마르크스주의에 의하면 인간은 계급 속에서 그의 의지와 행동의 제약을 받습니다. 예를 들어, 자본가 계급의 일원으로 태어났다면 그의 의지와는 상관없이 자본가 계급의 이익을 대변하는 방향으로 움직일 수밖에 없다는 것이지요. 이러한 상황을 우리는 보통 '구조적'으로 결정되어 있다고 이야기합니다.

그렇다면 '구조'란 무엇일까요? 추상적인 개념이기 때문에 설명하고 이해하기가 쉽지 않습니다. 이 장의 뒷 부분에서 사회과학적 측면에서 구조가 무엇인지에 대해 설명하도록 하겠습니다. 여기서는 일단 국제정치에서 이해하는 구조를 '국제체제'와 관련하여 설명하도록 하겠습니다.

1.2. 전쟁은 왜 일어나는가?

국제정치에서 자주 언급되는 '국제체제'란 무엇일까요? 국가가 주요 행위자인 국제정치체제는 국가들 사이에서 나타나는 '질서와 관계의 패턴'입니다.[3] 체제를 구성하는 두 가지 요소는 구조(질서)와 과정(패턴)입니다. 여기서 '구조'란 힘의 분배상태를 의미하고, '과정'은 체제를 구성하는 단위들이 갖는 패턴과 유형들을 말합니다. 나이(J. Nye)는 구조와 과정이 어떻게 다른지를 포커 게임에 비유하여 설명하고 있습니다.

포커 게임에서의 '구조'는 힘의 분포, 즉 얼마나 많은 칩을 가지고 있으며 좋은 카드를 얼마나 많이 받았는가와 같은 것입니다. 이 게임에서 '과정'은 게임이 어떻게 진행되는가, 그리고 카드놀이를 하는 사람들 사이에서 나타나는 상호작용의 유형들(허풍을 잘 떠는가, 규칙을 잘 지키는가 등)입니다.

이를 냉전 시기의 미소 관계에 적용해 보겠습니다. 냉전 시기 국제정치체제의 구조는 미국과 소련 또는 공산국가 진영과 자본주의 국가 진영의 군사력, 경제력과 같은 힘의 분포가 어떻게 되어 있는가를 의미합니다. 냉전 시기 국제정치체제의 '과정'은 미국과 소련 또는 양 진영 국가들 사이에서 이루어지는 상호작용의 유형(협상, 규범, 제도의 창출 등등)들을 말합니다.[4]

왈츠(K. Waltz)는 전쟁이 왜 일어나는가에 대한 세 수준에서의 분석을 하고 있습니다. '이미지(image)'라고 명명하면서, 그는 전쟁이 인간 개인의 수준, 국가의 수준, 국제체제의 수준에서 연구될 수 있다고 설명하고 있습니다.[5] 먼저 개인의 수준에서 전쟁원인을 찾고자 하는 연구는 말 그대로 개인의 행위에 초점을 맞추어 전쟁원인을 설명하고자 합니다.

따라서 분석대상이 정치지도자인 경우가 많습니다. 제2차 세계대전과 한국전쟁의 원인을 히틀러와 김일성에게서 찾는 것이 대표적인 예가 될 것입니다. 이러한 연구는 인간 개인의 행태, 심리적 측면 또는 인간 본성 등에서 전쟁원인을 찾고자 합니다.

두 번째는 국가 또는 사회적 수준에서 전쟁원인을 찾고자 하는 연구들입니다. 이들 연구의 분석대상은 국가나 특정 사회가 될 것입니다. 국가의 내부 구조와 속성이라는 측면에서 전쟁의 원인을 찾는다고 할 수 있습니다. '독재국가나 전체주의적 사회는 독단적이거나 일방적으로 결정하기가 쉽기 때문에 전쟁을 일으킬 가능성이 크다', '민주주의 국가는 정책 결정과정이 투명하고 공개되어 있어서 합리적이므로, 그리고 권력이 다원적으로 분산되어 있기 때문에 전쟁할 가능성이 적다' 등의 주장은 이 범주의 연구들이라고 할 수 있습니다.

토머스 프리드먼(T. Friedman)이라는 칼럼니스트가 사용한 말 중에 '골든 아치 이론'이라는 것이 있습니다. 맥도날드 햄버거 체인점이 있는 나라들 사이에서는 전쟁이 일어나지 않는다는 것이지요.[6] 이것이 의미하는 바는 맥도날드가 들어설 정도의 국가라면 중산층이 두꺼울 뿐 아니라 민주주의, 인권 등 미국식의 가치가 통용되는 지역이라는 점입니다. 따라서 경제 수준뿐 아니라 그 사회가 지향하는 가치 또한 비슷해진다는 것이지요.

이와 비슷한 맥락에서 나온 주장이 '민주주의 국가끼리는 전쟁하지 않는다'라는 명제입니다. '독재국가는 전쟁을 일으키기 쉽다' '군부와 산업체가 결합한 군산복합체의 영향이 강한 산업구조는 전쟁의 원인이다' '이슬람국가는 호전적이다' 등의 주장들은 이 범주의 연구라 할 수 있습니다.

전쟁의 원인을 국가의 경제체제에서 찾는 주장도 있습니다. 마르크스의 분석에 의하면, 자본주의는 기본적으로 자본가와 노동자라는 두 개의 적대적 계급으로 구성되어 있습니다. 여기서 자본주의 국가기구는 자본가의 이익을 대변하는 도구에 불과합니다.

전쟁은 한 나라의 계급투쟁이 대외적으로 표출되는 것입니다. 따라서 전쟁은 자본주의 국가의 존재와 함께 항상 존재하는 것입니다. 자유주의자로 분류되는 홉슨(Hobson) 또한 자본주의 체제가 초래하는 과잉생산

(overproduction)과 과소소비(underconsumption)로 인하여 자본주의 국가들은 침략적인 대외정책, 즉 제국주의로 나아간다고 주장하고 있습니다.[7]

마지막으로 들 수 있는 것이 국제체제의 수준에서 전쟁원인을 찾고자 하는 연구들입니다. 국가들 사이에서 힘의 균형이 깨지면 전쟁이 나기 쉽다는 '세력균형이론(balance of power)', 패권 국가가 있으면 국제체제가 훨씬 안정적이라는 '패권안정이론(hegemonic stability theory)', 패권국과 강대국(도전국)의 국력에 변화가 나타날 때 전쟁이 발발하기 쉽다는 세력 전이 이론(power transition theory) 등은 모두 체제 수준에서 전쟁의 원인을 찾고자 하는 연구들입니다.

국제정치체제에서의 구조란 국가와 국가 간 관계 속에서 발견되는 질서를 한 시점에서 절단하여 본 단면이라고 할 수 있습니다. 국가 간 관계에서는 끊임없이 변화가 일어나고 있지만 상당 기간에 걸쳐 변화하지 않는 질서 또는 유형이 있으며 이것이 바로 국제질서의 구조인 것이지요. 그러나 구조는 스스로 변화하지 못합니다. 즉 행위자의 행동에 따라 변화하는 것이지요. 따라서 "원인으로서의 구조 → 행위 → 결과로서 구조의 변동"이라는 인과관계가 성립하게 됩니다.[8] 요컨대 국가 간 질서의 변화는 국가 간 갈등을 수반하지만, 이러한 갈등은 행위자 간의 충돌 또는 특정한 사건을 계기로 표면화되어 나타난다는 것입니다. 그리고 행위자 간의 충돌은 그 결과로서 구조의 변동으로 나아간다는 것이지요.

구조적 시각에서 국제질서를 살펴본다는 것은 사건 중심이 아니라 장기적 측면에서 국제질서를 살펴본다는 것입니다. 프랑스의 역사학자 브

로델(F. Braudel)은 역사를 보는 시각으로 단기지속(short-term), 중기지속(medium-term), 장기지속(long-term)으로 나누어 이를 각각 '사건사(history of events)', '국면사(conjunctural history)', '구조사(structural history)'로 구분했습니다.[9] 사건사는 말 그대로 특정 날짜에 일어난 일련의 사건들을 중시합니다. 그러나 일시적 사건들의 배경에는 서서히 변화하는, 장기에 걸친 구조적 변화가 있습니다.

사건의 본질이 짧은 시간이라면, 구조의 본질은 장기 지속성입니다. 이에 브로델은 사건들 대신 장기지속에 걸쳐 그 사회의 집단적 행태를 결정짓는 지속적인 구조들-주로 경제적, 사회적인-에 주목했습니다. 중장기지속 또는 국면의 역사는 경제와 정치, 사회에 관한 것뿐 아니라 문화와도 관련된 다양하고 복합적인 것들입니다.[10] 예를 들어, 양극체제, 다극체제, 미국의 일극체제 등과 같은 언급은 장기적 측면에서 살펴본 국제체제의 구조라고 할 수 있습니다.

일본이 일으킨 전쟁 또한 사건사적 측면에 주목하게 되면 특정 사건을 중심으로 분석이 이루어지게 되겠지요. 예를 들어, 만주 사변, 진주만 공격, 미드웨이 해전 등과 같은 특정 전투를 행위자 중심으로-누가, 언제, 어디서 등등-살펴볼 수가 있을 것입니다. 그러나 구조적 측면에서 보게 된다면 이러한 전쟁이 발발하게 되는 배경을 중시합니다. 즉 일본의 근대화 이후 이 지역에서 나타나고 있었던 힘의 변화를 중심으로 살펴본다는 것이지요. 구체적으로는 일본과 청나라, 일본과 러시아, 그리고 일본과 미국 사이에서 나타나는 힘의 분포와 변화에 주목한다는 것입니다.

왈츠가 명명한 세 수준에서의 '이미지'들은 배타적으로 작용하는 것은 아닙니다. 다시 말해, 각 수준의 분석 이미지가 한 가지 수준에서만이 아니라 여러 수준에서 서로 상호작용을 할 수 있다는 것이지요. 즉 국제체제가 특정 국가의 행위를 어떻게 제한하는지, 또는 특정 국가 내에서의 변화가 국제체제에 어떤 영향을 미치는지 등의 분석이 가능하다는 의미입니다. 전자가 밖에서 안으로의 설명이라면, 후자는 국가 안에서 밖으로의 설명이라고 할 수 있을 것입니다.

다음 절에서는 전쟁의 원인에 대한 이해를 돕기 위해 사회과학에서 많이 논의되고 있는 '구조'에 대해서 좀 더 살펴보도록 하겠습니다

1.3. 사회구조와 행위

1) 사회구조란?

개인의 행위와 사회구조의 관계에 대한 논쟁은 사회과학계에서 오랜 동안 진행된 중요한 논쟁 가운데 하나입니다. 사회과학자들은 행위자와 행위자의 상호관계 속에서 발견되는 일정한 질서 또는 유형을 사회구조라고 부릅니다. 즉 사회를 구성하는 사람과 사람, 집단과 집단 또는 국제사회를 구성하는 국가와 국가 등의 행위와 상호관계 속에서 발견되는 질서와 유형(일정한 패턴)이 구조입니다.

예를 들어, 부모와 자식, 스승과 제자, 강대국과 약소국, 패권 국가에 대한 국가들의 질서와 행동 패턴은 아무렇게나 이루어지는 것이 아닙니다. 과거부터 지속해 온 일정한 유형을 따르면서 나타나게 됩니다. 즉 인간 사회나 국제사회를 구성하는 행위자들의 행동에는 질서가 있을 뿐 아니라 반복되는 유형이 발견된다는 것이지요. 이것을 우리는 '구조'라고 합니

다.[11]

인간관계에서는 끊임없이 변화가 일어나고 있지만, 상당 기간에 걸쳐 변화하지 않는, 또는 반복되거나 유형화된 요소가 있으며 이것이 바로 구조입니다. 이러한 질서는 끊임없이 변하기 때문에 구조는 고정된 것이 아니라 하나의 과정(process)이라고 할 수 있습니다. 이런 점에서 사회구조는 계속 변화가 일어나는 인간관계를 한 시점에서 절단하여 본 일종의 단면이라 할 수 있습니다.

이러한 구조가 있기 때문에 사회는 유지가 됩니다. 스승과 제자의 관계는 어떠해야 하는가, 부모와 형제간 관계는 어떠해야 하는가 등을 하나하나 깊이 생각하는 사람은 없지요. 그냥 일상적으로 반복되는 유형을 그대로 따르면 됩니다. 즉 인간은 상황마다 일일이 판단할 필요가 없지만, 집단과 사회는 반복되는 유형 속에서 안정과 지속성을 유지할 수 있습니다.[12]

사회에서 일어나는 변화를 구조 중심으로 보느냐, 행위 중심으로 보느냐 하는 문제는 사회과학계의 오랜 화두였습니다. 행위자 중심의 시각이란 의식적 주체(conscious subject)에 강조점을 둡니다. 그러나 구조를 중심으로 보는 구조주의는 무의식적 구조(unconscious structure)를 중요시합니다. 전자가 행위자의 의식을 중요시한다면, 후자는 구조적 제약성을 객관적으로 분석하려 합니다.

예를 들어 설명해 보기로 하지요. 김 아무개라는 청년이 살인을 저질렀습니다. 이 사건의 원인을 어떻게 설명할까요. 행위자 중심으로 사건을 보는 시각에서는, 김 아무개라는 청년의 성격, 즉 폭력성, 잔혹성 등과 같은 인간성에 초점을 맞춥니다. 그러나 구조 중심으로 보는 시각에서는, 김 아무개라는 청년의 성격이 형성된 가정환경과 사회적 배경 또는 청년이 사건을 저지르게 된 사회적 요인을 더 강조합니다.

요컨대 구조주의는 개인이나 조직의 사고와 행동보다는 이러한 행동이 초래된 환경 또는 그의 삶을 제약하는 요인 등에 대한 분석을 강조합니다. 이런 측면에서 구조주의는 반인간주의라는 비판을 받기도 합니다. 그렇다면 구조를 강조하는 구조주의적 관점에서 나타나는 특징들에는 어떤 측면들이 있을까요?[13] 단순화의 위험성은 있지만, 다음과 같은 점을 들 수 있습니다.

첫째, 구조주의는 겉으로 드러나는 현상 그 자체보다는 그러한 현상을 가능하게 하는 이면의 구조나 본질 혹은 원인이 있다고 봅니다. 그리고 이와 같은 눈에 보이지 않는 비가시적 원인과 본질 및 환경을 중요시합니다. 즉 어떤 사회적 현상의 원인은 그 현상을 둘러싼 다른 환경 또는 틀에 있으며 이는 경험적 관찰로써는 불가능합니다. 따라서 구조주의는 참된 지식은 감각적 경험을 통해서만 얻을 수 있다고 믿는 경험주의나 실증주의를 비판하는 철학적 입장입니다.

둘째, 구조주의는 전체를 구성하는 요소 그 자체보다는 요소 간의 체계적이고 정형화된 관계를 중요시합니다. 구성요소 그 자체의 가치는 그다지 의미가 없습니다. 구성요소의 가치는 요소 간의 관계를 통해서 비로소 결정됩니다. 즉 구조주의에서는 구성요소의 실체(substance)보다는 관계의 형식(form)이 더욱 중요합니다. 구조주의는 개인의 의식적 사고나 행동까지도 그가 소속된 사회의 구조에 의해 결정된다고 봅니다. 따라서 구조주의는 개인을 의식적 주체로 상정하는 실존주의적 인간주의와 완전 대립되는 입장입니다.

셋째, 구조주의는 시간의 경과에 따라 어떤 현상을 분석하는 통시적(通時的, diachronic) 차원보다는 특정한 한 시점에서 횡적 관계를 분석하는 공시적(共時的, synchronic) 차원을 중요시합니다. 말이 조금 어렵지요. '통시적'이란 '시대의 흐름에 따른' 시각이란 의미입니다. 반면 '공시적'이란 '특정 시대만을 염두에 둔 시각'이라 할 수 있겠지요. 즉 구조주의는 특정 시점에서 요소 간의 체계적 관계를 살펴보려는 시각이지요. 이에 구조주의는 몰역사적(ahistorical)이라는 비판을 받기도 합니다.

넷째, 구조주의자들은 행위자의 사고와 행동 이면에 있는 무의식적 측면을 강조합니다. 예를 들어, 한국인이 한국어를 사용할 때, 평소 문법적 구조를 의식하지 않고도 한국어를 구사할 수 있는 것은 행위자의 무의식적 기초 속에 한국어의 구조가 입력되어 있기 때문입니다. 즉 행위자의 의식적 사고와 행동의 원인을 찾아보면 우리가 일상적으로 의식하지 못하고 눈에 보이지도 않는 구조가 있습니다. 이러한 무의식적 기초가 중요합니다. 따라서 구조주의 사상은 인간의 의식을 중요시하는 현상학과 대립되는 입장입니다.

마지막으로, 구조주의는 표면적 현상(surface phenomena)과 심층적 구조(deep structure)를 개념적으로 구별합니다. 구별된다고는 하지만 따로 존재하는 것은 아닙니다. 즉 구조주의의 구조는 현상에 내재하는 것입니다.

이상에서 구조주의적 분석방법의 대표적 특징들에 대하여 살펴보았습니다. 요약하면, 내재적 구조, 무의식적 기초, 공시적 관점, 요소 간의 체계적 관계와 경험적 현상 이면의 눈에 보이지 않는 구조를 강조하는 것이 구조주의의 입장입니다. 이와 같은 구조주의적 시각 또는 분석방법은 사회과학의 다양한 학문영역에서 영향력 있는 하나의 방법론으로 폭넓게 이용되고 있습니다. 구조주의 사상의 대표적 인물로는 인류학자인 레비 스트로스를 들 수 있습니다. 그러나 구조주의적 사유의 기본적 틀은 스위스 언어학자인 소쉬르에서 처음 제기된 것으로 볼 수 있습니다.

2) 구조와 행위

구조주의에 대해서 다소 장황하게 설명이 이루어졌습니다. 앞서 언급한 바와 같이 행위와 사회구조의 관계는 사회과학에서 가장 논쟁적인 주제 가운데 하나입니다. 이 논쟁은 개인의 행위와 사회구조 중 어떤 것이 더 사회변화에 큰 영향을 미치는가에 대한 논쟁입니다. 대표적인 예로서 마르크스와 레닌의 사회주의 혁명에 대한 접근법을 살펴보기로 하지요.

마르크스에 의하면 사회주의 혁명은 고도로 발달한 자본주의 국가에서 발발합니다. 왜냐하면, 자본주의의 모순이 극대화되어 자본가와 노동자의 대립이 첨예화되어야 노동자들의 봉기가 가능하기 때문입니다. 따라서 마르크스에 의하면 사회주의 혁명이 발발하기 위해서는 자본주의적 토대가 먼저 마련되어 있어야 합니다. 즉 사회구조적 측면에서 자본주의가 뿌리를 내리고 있어야 합니다.

마르크스가 살았던 당시로써는 산업화가 제일 빨랐던 영국에서 사회주의 혁명이 일어날 가능성이 가장 높았겠지요. 그러나 실제로 사회주의 혁명이 가장 먼저 나타난 곳은 러시아였습니다. 이것을 어떻게 해석해야 할까요? 이에 대한 해답은 레닌과 그람시로 나뉩니다. 레닌은 노동자, 심지어는 농민들까지도 혁명세력으로 끌어들일 수 있는 핵심 조직이 필요하다고 주장합니다. 이러한 조직이 물론 공산당이지요. 즉 공산당이 전위조직으로서 혁명을 이끌어야 한다는 겁니다.

이에 반해 그람시는 조금 다릅니다. 그람시에 의하면 자본주의가 이미 발달한 서구 유럽 국가에서 계급갈등이 첨예화되어 나타나지 않는 이유는 허위의식 때문입니다. 즉 당시의 서구 국가들에서는 국가의 폭력적 기구인 군대, 경찰력이 아니라 교육, 문화, 언론 등을 통해 노동자들이 자본가들의 이념에 동화되었기 때문입니다. 따라서 해결책 역시 다릅니다.

그람시에게 중요한 것은 이념이고 문화적 측면에서의 승리가 중요합니다. 즉 자본주의가 발전하면서 자본가들이 장악한 국가권력의 지배 양태는 세련되고 정교하게 변했습니다. 자본가들은 과거와 같이 군대나 경찰력 같은 강제력으로 지배하기보다는 사상과 문화, 의식 등 문화적 힘으로 다수 민중을 지배하게 되었습니다. 따라서 자본주의가 발달한 서구 유럽에서는 강제력에 의한 폭력보다는 자본가들이 지배하고 통용시켜온 문화를 바꾸기 위한 장기적인 투쟁이 필요합니다. 즉 군사적 기동전이 아니라 장기적인 진지전(war of position)이 필요한 것입니다.

마르크스는 사회의 하부구조에 해당하는 경제적 토대가 법, 정치, 이데올로기, 문화와 같은 상부구조를 결정한다고 주장했습니다. 그러나 그람시는 이러한 마르크스의 주장을 전도시켰습니다. 즉 문화를 바꿈으로써 계급투쟁에서 승리할 수 있다는 것이지요. 이러한 주장은 이후 중국혁명 과정에서 나타난 대약진운동, 문화대혁명 등에서 현실화되어 나타나고 있습니다.

마르크스의 자본주의 분석이 한 국가 내에서의 계급투쟁과 갈등에 중점을 두었다면 이러한 분석을 세계적 수준으로 확대한 것은 러시아의 혁명 지도자였던 레닌이라고 할 수 있습니다. 마르크스의 분석에 의하면, 그가 살았던 당시 노동자 혁명의 가능성이 가장 컸던 국가는 영국이었습니다. 그러나 당시 영국은 자본주의가 가장 앞서 발전한 국가였음에도 불구하고 마르크스가 분석한 것과는 다른 양상이 전개되었습니다. 즉 다른 나라들에 비해 당시 영국 노동자들의 생활 수준은 가장 높았으며 혁명과는 거리가 멀었지요. 이에 착안하여 나타난 것이 레닌의 제국주의론입니다.

레닌이 보기에 영국의 노동자들은 영국이 식민지에서 착취하는 부의 혜택을 누림으로써 더 이상 빈곤하고 착취 받는 노동자가 아닙니다. 레닌이 보기에 한 국가 내에서의 계급구조는 전 세계적 차원으로 확대될 수 있습니다. 다소 단순화시킨다면, 제국주의 국가와 식민지 국가입니다. 전자가 자본가 계급을 대변하는 국가라면, 후자는 일방적인 수탈을 당하는 국가이지요. 따라서 사회주의 혁명은 제국주의의 착취가 이루어지는 식민지 국가에서 더 발발할 가능성이 있는 것이지요.

그러나 자본주의가 전혀 발달하지 못한 봉건적 사회에서는 계급의식을 가진 노동자가 없기 때문에 혁명을 주도할 세력이 없습니다. 따라서 레닌이 볼 때 사회주의 혁명은 어느 정도 자본주의 체제가 도입되어 노동자 계급이 형성되어 있으면서 동시에 제국주의 국가들의 수탈이 이루어지는 국가에서 더욱 가능성이 있는 것입니다. 이러한 레닌의 논리는 당시 러시아의 상황을 염두에 둔 것이라고 할 수 있습니다.

전위조직을 강조한 레닌에게는 당연하게도 혁명을 주도할 세력, 즉 공산당이 중요합니다. 여기서 등장하는 것이 행위자들의 적극적 의지입니다. 사회주의 혁명이라는 관점에서 본다면, 혁명을 주도하고 이끌어가는 노동자들의 실천 의지가 있어야 혁명이 가능하다는 것이지요. 즉 사회구조적 측면에서 자본주의적 토대가 이루어져 있더라도 혁명가와 노동자라는 행위자들의 적극적인 행동이 있어야 혁명이 가능하다는 것입니다.

설명이 다소 벗어났습니다. 원래 주제인 구조와 행위로 돌아가볼까요? 사회적 변화 또는 혁명을 수행하는 데 구조와 행위(인간들의 실천 의지) 중 어떤 요소가 더 중요할까요? 마르크스의 저작들을 살펴보면 대체로 초기 저작들과 후기 저작들의 강조점이 다릅니다. 초기 저작들이 행위자들의 의지와 행동을 중요시했다면, 후기 저작들에서는 자본주의 사회의 모순을 강조함으로써 구조적 측면을 강조하는 모습이 나타납니다.

마르크스에게서 나타나는 양 측면을 굴드너(A. Gouldner)는 '비판적 마르크시즘(critical Marxism)'과 '과학적 마르크시즘(scientific Marxism)'이라는 두 개의 마르크시즘으로 나누어 살펴보고 있습니다. 전자는, 사회의 변화를 위해서는 인간의 행동과 자발적인 실천이 중요하다고 보는 데 반하여, 후자는, 자본주의의 발전법칙에 강조점을 두고 있습니다. 다소 극단화시켜 설명한다면 다음과 같습니다. 전자의 경우, 자본주의가 아니라도 혁명지도자들과 추종자들의 노력으로 사회주의 혁명이 가능하다고 봅니다. 후자의 경우, 인간들의 집단행동과 변화에 대한 실천적 노력이 없더라도 자본주의가 고도로 발전하면 그 모순에 의해 사회주의 혁명이 발발한다는 것이지요[14]

그렇다면 앞서 언급한 중국은 어떨까요? 사실 마오쩌둥(毛澤東)이 이끌었던 중국에서의 혁명이 사회주의 혁명인가에 대한 것은 논란의 여지가 있습니다. 중국공산당이 혁명을 이끌었고 사회주의 정권 수립을 천명했기 때문에 공식적으로는 사회주의 혁명이라고 할 수 있겠지요. 그러나 당시의 중국은 산업화가 거의 진전되지 않았으며 사회주의 혁명 이전에 발발하기 마련인 부르주아 혁명도 없었습니다. 당연하게도 중국 사회에서 노동자 계급의 비중 또한 매우 미미했습니다.

이런 사회 상황에서 중국공산당은 노동자 대신 봉건 지주들의 수탈에 허덕이던 농민을 혁명세력으로 동원하는 데 성공했습니다. 그리고 일본의 침략에 대항한다는 민족해방투쟁을 전면에 내걸면서 도시 지역의 노동자와 지식인, 심지어는 일부 지주들의 협력을 얻어내는 데에도 성공했습니다. 이런 점에서 중국의 혁명은 그 성격상 사회주의 혁명이라기보다는 농민을 주축으로 한 민족해방운동에 가깝다고 할 수 있을 것입니다.[15]

마오쩌둥도 중국혁명의 이러한 측면을 알고 있었기 때문에 자신들의 혁명을 신민주주의라고 이름 붙였습니다. 영국의 명예혁명, 프랑스 대혁명과 같은 부르주아가 주축이 된 민주주의 혁명과는 다른 성격의 혁명이라는 것이지요. 즉 자본가가 주축이 된 유럽에서의 혁명과는 그 성격이 완전히 다르다는 것입니다.

그래서 유럽에서 나타났던 부르주아 혁명을 구민주주의 혁명, 자신들의 혁명을 신민주주의 혁명이라 칭한 것입니다. 이런 측면에서 보게 된다면 중국의 공산화 이후 나타난 대약진운동, 문화대혁명은 한편으로는, 마오쩌둥과 다른 세력과의 권력 투쟁적 성격이 있지만, 또 다른 한편으로는, 사회주의를 향한 마오쩌둥의 조급성이 드러난 사건이었다고 할 수 있을 것입니다.

이상에서 살펴본 바와 같이, 마르크스 이후의 역사에서 프롤레타리아 혁명 또는 사회주의 혁명이란 이름으로 공산국가를 건설하는 데 실제로 성공한 곳은 러시아, 중국 등과 같이 자본주의가 뒤떨어진 국가들이었습니다. 영국, 프랑스, 독일 등과 같이 산업혁명을 먼저 수행한 국가들에서는 자본주의적 생산양식의 도입과 함께 나타난 민주주의 제도의 진전으로 사회주의 운동세력이 체제 내로 흡수되는 양상을 보였습니다. 즉 체제 외부에서 체제에 도전하거나 체제를 전복하려는 운동으로 전개된 것이 아니라 체제 내의 제도와 장치로 흡수되어 선거를 통한 변화를 추구하게 되었던 것입니다.

마르크스가 일국적 차원에서 계급적 대립에 초점을 맞추었다면 이를 전 세계적 차원으로 확대한 것은 레닌입니다. 레닌의 제국주의론은 구조적 측면에서 전쟁원인을 설명하는 데 매우 설득력 있는 이론입니다. 즉 자본주의가 고도화되고 경쟁이 격화될수록 제국주의 국가들은 더 많은 식민지를 차지하기 위하여 전쟁할 수밖에 없다는 것이지요.

레닌의 제국주의론은 산업혁명 이후 발생했던 국가 간 전쟁을 설명하는 데 매우 설득력 있는 논리로 등장했습니다. 제1차 세계대전을 영국, 프랑스와 독일 간의 식민지 쟁탈전으로 파악했을 뿐 아니라 제2차 세계대전 또한 식민지 획득을 둘러싸고서 벌어진 제국주의 국가 간의 식민지 쟁탈전이라는 것이지요.[16] 사회주의자 또는 급진주의자들은 전쟁의 원인을 대체적으로 계급 간의 대립이나 제국주의 국가 간 또는 제국주의 국가와 식민지 국가의 충돌에서 찾고 있습니다.

홉슨(Hobson)과 같은 자유주의적 제국주의자들은 자본주의 국가의 제국주의적 정책을 선택으로 파악합니다. 즉 국가 전체적으로는 손해이지만 제국주의적 정책으로 이익을 보는 일부 세력이 국가의 제국주의적 정책을 추구할 수 있다는 것이지요. 반면, 사회주의자들은 자본주의가 고도화되면 경쟁이 격화되므로 제국주의적 정책이 불가피한 것으로 파악합니다. 따라서 선진제국 사이의 전쟁이 불가피하다는 것이지요. 레닌의 제국주의론은 전쟁의 경제적 원인을 분석하는 데 크게 기여했습니다. 또한, 이론의

적합성 여부를 떠나 이후 세계체제론, 종속이론 등에 많은 영향을 끼쳤습니다.

사회주의자나 급진주의자들과는 다르게 보수주의자들은 대체적으로 인간의 본성과 태도 등에서 전쟁의 원인을 찾는 경향이 강합니다. 자유주의자들의 경우, 개인의 자유를 제약하는 '큰 정부(big government)'가 갈등의 주된 요인입니다. 자유롭고 민주적인 국가는 합리적인 의사결정구조를 갖고 있으므로 전쟁하기가 어렵다는 주장, 이들 국가들은 기능적으로 상호의존적이기 때문에 전쟁을 하기 어렵다는 주장 등은 이러한 범주에 포함됩니다.[17] 자유민주주의 국가들은 서로 싸우지 않는다는 명제는 바로 이를 반영한 것입니다.

개인 수준 또는 행위자의 행동이나 태도에서 전쟁의 원인을 살펴보는 것은 행위에 초점을 맞춘 것입니다. 이에 비해, 국가 간 관계에서 오랜 기간 지속되어 왔던 국제체제에서 전쟁의 원인을 찾는 것은 구조적 측면에 초점을 맞춘 것이라고 할 수 있습니다. 강력한 패권국가가 존재할 때 세계 평화가 가능했다는 패권안정이론, 양극 체제나 다극 체제가 서로 간의 견제와 균형으로 더 안정적이라는 주장은 구조적 시각의 대표적 예라고 할 수 있습니다.

다음 장에서는 '근대'라는 용어에 대해서 살펴보도록 하겠습니다. 구체적으로는 '근대'가 갖는 내용이 무엇이며, '근대국가'가 갖는 특징이 무엇인지에 대해 살펴봅니다. 왜냐하면 우리는 이 책에서 근대 이후 일본의 전쟁에 대해서 살펴보고자 하기 때문입니다. '근대'가 한국, 중국, 일본으로 대표되는 동아시아에서 어떻게 수용되었는지를 살펴봄으로써 근대화와 함께 나타나는 일본의 대외침략을 더욱 잘 이해할 수 있을 것입니다.

2

근대의 출발과
근대국가의 등장

우리는 '근대국가'라는 말을 참 많이 사용합니다. 이에 대해서 조금 생각해 볼까요? 우선 이 용어는 '근대'와 '국가'라는 두 개의 단어가 합쳐져 있습니다. 그렇다면 '근대'란 무엇일까요? '국가'는 무엇일까요? 우리가 당연하게 받아들이고 있는 이 용어들을 어떻게 설명할 수 있을까요? 이 장에서는 순서대로 '근대'와 '국가'에 대해 같이 살펴보도록 하겠습니다.

2.1. '근대'란?

'근대'라는 용어는 매우 추상적이지요. 매우 추상적인 개념을 더 쉽게 이해하기 위해서는 추상을 이루고 있는 구체적이고 실체적인 측면들을 살펴보면 됩니다. 그렇다면 '근대'를 이루고 있는 구체적이고 실제적인 측면들에는 어떤 것들이 있을까요? 우리는 보통 근대 이전의 시대를 고대, 중세로 부르고 있습니다. 고대, 중세, 근대로 나누는 기준은 무엇일까요? 이 기준은 보통 생산양식(mode of production)에 의한 것입니다.

생산양식이란 말 그대로 생산을 하는 형태를 말합니다. 생산양식은 생산 관계와 생산력으로 구성됩니다. 생산력이란 생산을 할 수 있는 힘을 의미합니다. 주로 노동력과 생산도구(수단)로 이루어지겠지요. 예를 들어 전(前)근대 시기의 생산수단이 도끼, 칼, 활, 농기구 등이었다면 근대의 생산수단은 총, 대포, 경운기, 트랙터 등이라 할 수 있습니다.

인류의 역사는 바로 생산수단이 발전해 온 역사입니다. 따라서 생산력이 증대되는 과정이기도 합니다. 과거에 비해 인구가 엄청나게 증가했음에도 불구하고 생산력의 비약적 증대로 우리는 풍요로운 삶을 누리고 있는 것이지요. 생산의 과정에서 다른 사람과 맺게 되는 인간관계가 바로 생산 관계입니다. 이러한 생산 관계는 고대, 중세, 근대를 거치면서 대체로 귀족과 노예, 영주와 농노, 자본가와 노동자라는 형태로 나타나게 됩니다.

고대, 중세, 근대라는 단어는 통상적으로 노예제, 봉건제, 자본제라는 단어와 함께 사용되는 경우가 많습니다. 이는 곧 고대 노예제, 중세 봉건제, 근대 자본제라는 단어들이 바로 시기별로 나타나는 대표적인 생산양식과 함께 묘사되는 것이라고 할 수 있습니다. 따라서 '근대'라는 의미에는 자본주의적 생산양식이 내포되어 있습니다. 즉 생산력적 측면에서는 기계에 의한 대량생산, 생산 관계적 측면에서는 자본가와 노동자로 대표되는 인간관계가 전제되어 있는 것입니다.

근대 들어서는 경제적 측면에서 중세와는 다른 생산양식이 나타나지만 이러한 변화가 경제적 측면에만 그치는 것은 아닙니다. 즉 정치적, 사회적 측면에서도 이전의 사회와는 다른 많은 변화가 나타나게 됩니다. 근대 자본주의 사회 이전의 지배계급은 토지 귀족들이었습니다. 산업혁명 이전에는 토지에서 부가 창출되었기 때문에 어쩔 수 없지요. 그래서 고대, 중세의 지배계급은 모두 토지를 장악한 세력들이었습니다. 그러나 지리상 발견, 무역의 증대, 기계제 대량생산의 출현 등으로 새롭게 부를 축적한 세력이 나타나게 됩니다. 토지가 아니라 상업, 산업으로 부를 축적한 새로운 세력입니다. 이들을 자본가(부르주아)라고 부릅니다.

상업과 산업으로 새롭게 부를 축적하여 경제적 우위를 점하게 된 이들은 경제적 힘을 배경으로 정치적 권리까지 요구하게 됩니다. 때마침 유럽에서는 종교개혁운동으로 인한 종교적 갈등과 함께 왕위계승 등을 둘러싸고서 각국이 전쟁에 휘말리고 있었습니다. 전쟁을 위해서는 돈이 필요합니다. 국왕들은 전쟁에 필요한 경비를 이들 자본가들에게서 받는 대신 자신이 가진 권력을 이들에게 양도하게 됩니다.

이러한 일련의 과정이 영국에서는 대헌장(1215), 권리청원(1628), 권리장전(1689)이라는 형태로 거의 500년에 걸쳐 진행되게 됩니다. 반면 프랑스의 경우 세금을 둘러싸고서 벌어졌던 제1신분(사제계급), 제2신분(구귀족), 제3신분(평민)의 갈등이 혁명의 양상으로 전개되는 모습을 보입니다. 물론 어느 쪽이나 결과는 부르주아들의 우위로 나타나게 됩니다. 그리고 그 결과가 오늘날 의회라는 모습으로 나타나게 됩니다.

특히 프랑스 혁명은 인류의 역사에서 매우 큰 의미를 지니고 있습니다. 프랑스 혁명을 뒷받침했던 사상은 자유주의입니다. 프랑스 인권선언에 의하면 자유란 "타인에게 피해를 주지 않는 한 모든 것을 행할 수 있는 권리"입니다. 그리고 이러한 권리는 다른 사회 구성원들에게도 동등하게 보장되어야 하며 어떠한 제약도 받지 않습니다.

자유에 대한 제약은 오로지 법에 의해서만 결정될 수 있습니다. 법은 다른 사회 구성원들에게도 동등하게 적용되어야 하기 때문에 이 법의 제정에는 모든 사회 구성원들이 참여해야 하겠지요. 그래서 법 앞의 평등이 중요한 것입니다. 이에 따라 근대 들어서는 이전까지 존재해 왔던 신분제가 없어지게 됩니다. 그리고 법을 만드는 대표를 선출하기 위한 투표권이 중요해지는 것입니다.

프랑스 혁명은 이후의 전개과정에서 유럽 사회에 많은 영향을 끼쳤습니다. 황제를 단두대로 보내는 모습에 기겁한 주변국들은 프랑스 혁명정부를 무너뜨리기 위한 전쟁을 벌이게 됩니다. 소위 간섭 전쟁입니다. 이에 대하여 프랑스는 나폴레옹을 중심으로 전 국민이 혁명정부를 지키기 위한 전쟁에 나섭니다. 이에 징병제가 도입되었으며 전쟁은 모든 국민이 참여하는 총력전의 양상을 띠고서 진행됩니다. 전쟁은 나폴레옹 군대의 압도적 우위로 진행됩니다.

나폴레옹 군대의 유럽 정벌로 프랑스 혁명을 뒷받침했던 자유주의 사상이 유럽 전역으로 전파되었습니다. 프랑스 혁명이 드러낸 급진성과 파괴성, 위험성을 비판하면서 영국에서는 버크(Burke)로 대표되는 보수주의가 나타났습니다. 나폴레옹의 군대가 이탈리아에 들어가면서, 이탈리아 여러 왕국의 통일을 추구하는 민족주의적 움직임이 마치니(Mazzini)를 중심으로 강하게 분출되었습니다. 때마침 진행되고 있었던 산업화로 사회주의 사상도 분출되었습니다. 가히 혁명의 시대답게 사상의 시대이기도 했습니다.

물론 이러한 시대의 흐름은 다소 과도하게 단순화한 측면이 있습니다. 예를 들어, 중세에서 근대로의 이행과정에서 과도기적 현상으로서 절대적 권력을 가진 국왕에 의한 절대왕정 시대도 있습니다. 사상적 측면에서는 계몽사상과 종교개혁이 나타난 시기이기도 합니다. 종교개혁으로 사람들의 의식변화가 나타났습니다. 이전까지 사람들의 의식을 지배했던 신 중심의 질서는 인간 중심의 문화로 바뀌었습니다. 즉 자연과 사회 현상의 모든 것을 신이 아니라 인간을 중심으로 사고하게 됩니다.

근대 들어서는 이전과는 다른 독립적 자아로서의 개인, 이성에 대한 절대적 믿음과 자유의 강조 등이 나타나고 있습니다. 상공업의 성장과 함께 시민계급이라는 새로운 사회계층이 나타나기 시작한 것도 이 시기의 중요한 변화입니다. 앞서 언급한 바와 같이 영국의 명예혁명, 프랑스 혁명 등은 과거의 토지 귀족과는 다르게 상공업자들이 중심이 된 시민계급이라는 새로운 계층의 등장이 직접적 원인이었던 것입니다.

자, 정리하도록 하겠습니다. 근대가 갖는 내용은 제도적인 측면과 의식적인 측면으로 나누어 살펴볼 수 있습니다. 우선 제도적인 측면에서 근대가 갖는 내용을 다소 도식적으로 살펴본다면, 정치적으로는 민주주의, 경제적으로는 자본주의, 사회적 측면에서는 신분제도의 폐지 등과 같은 특징들을 들 수 있습니다. 이를 좀 더 구체화한다면 보통선거제도의 도입과 확대, 산업혁명의 진전과 대량생산 체제의 확대, 귀족제도의 폐지 등이 되겠지요.

제도적 측면에서 드러나는 근대의 모습이 다소 표면적이고 외형적으로 드러나는 면면들을 나타낸 것이라면 의식적, 사상적 측면에서의 근대는 사람들의 내면에서 나타났던 변화라고 할 수 있습니다. 이는 개인주의와 민족주의, 자유주의와 같은 의식의 변화, 그리고 사회를 보는 인식의 변화로 나타나고 있습니다.

2.2. '국가'란?

오늘날 우리는 국가라는 조직을 너무나 당연하게 받아들이고 있습니다. 앞으로도 계속 지속할 것으로 생각하고 있기도 하지요. 그러나 오늘날과 같은 '근대적' 의미의 국가가 등장하기 시작한 것은 16세기 이후의 유럽에서였습니다. 여기서 '근대적'이라는 용어가 의미하는 바는 국가 사이의 국경선이 명확하게 정해져 있으며, 국경 내의 인민에 대한 지배가 확고하고, 전쟁에 대비한 관료제와 상비군이 갖추어진 것을 의미합니다. 그리고 근대 이후 주권이라는 개념도 등장하게 됩니다. 이를 우리는 근대국가라 부릅니다.

근대 이전의 국가는 주로 왕국, 제국 또는 도시국가와 같은 형태로 국가가 존재했었습니다. 근대 이전의 왕국이나 제국에서는 오늘날과 같이 명확한 국경선이 없었습니다. 따라서 국경 내의 인민에 대한 확고한 지배권을 가진 주권개념이 있었던 것도 아니었습니다. 예를 들어 우리가 알고 있는 과거 신라, 백제와 고구려의 국경선 또는 중국 왕조의 영토 등은 중앙권력의 영향력이 미치는 범위를 나타내는 것이지 오늘날과 같은 국경선의 개념은 아니었습니다.

봉건 영주가 지배하였던 유럽의 경우도 마찬가지였습니다. 봉건 영주가 지배하던 중세 말기 들어 절대주의 국가가 등장하면서 비로소 근대국가의 외형적 형태인 영토, 인민, 군대 조직 등을 갖춘 국가가 출현하게 되는 것이지요. 따라서 오늘날 우리가 생각하는 것과 같은 근대국가 체제가 전 세계에서 모두 확립된 것은 아니었습니다.

유럽에서 등장하기 시작한 근대국가가 세계적 차원으로 확대되기 시작한 것은 제2차 세계대전 이후라고 할 수 있습니다. 즉 근대화를 먼저 수행한 유럽 국가들의 식민지들이 전후 대거 독립함으로써 근대국가체제는 전세계에 걸쳐 보편적인 모습으로 등장하게 된 것입니다. 이런 측면에서 보게 되면 오늘날과 같은 근대국가체제, 즉 각국이 주권을 가진 대등한 단위로서 국제체제를 형성하기 시작한 것은 제2차 세계대전 이후부터라고 할 수 있습니다. 그럼 여기서 언급되는 '국가'라는 단어에는 과연 어떤 모습들이 담겨 있을까요?

먼저 국가가 무엇인지를 한번 생각해 볼까요? 보통 일상적인 대화에서 국가가 어떠어떠하다는 식으로 이야기를 참 많이 합니다. 그렇지만 막상 국가가 무엇이냐는 질문을 받으면 설명하기가 쉽지 않습니다. 이는 앞서 살펴본 '근대'라는 단어와 마찬가지로 '국가'라는 용어 또한 매우 추상적인 개념이기 때문입니다.

가슴이나 심장은 마음이나 양심과는 다릅니다. 전자는 구체적이고 실체적인 것이지만, 후자는 추상적인 것이지요. 실체가 있는 것은 설명하기가 쉽지만, 추상적인 것은 설명하기가 쉽지 않습니다. 그래서 추상적인 것을 설명하기 위해서는 그 추상적인 것을 구성하고 있는 구체적이고 실체를 들어 설명하는 것이 이해하기 좋은 경우가 많습니다. 구체적인 것을 설명해나가면서 추상으로 올라가는 것이지요.

이러한 측면에서 국가를 설명해 볼까요? 많은 근대국가에서 공통으로 나타나는 것은 정부, 국회와 같은 실체입니다. 영토, 인민도 모든 근대국가에서 나타나지요. 이제 각국에서 나타나는 구체적인 것들을 모아 일반화시켜볼까요? 행정부, 국회 등은 실체적인 것이지만, 국가는 추상적인 존재입니다. 국가를 구성하는 요소는 앞서 언급한 바와 같이 정부, 주권, 인민,

영토 등을 들 수 있겠지요. 이런 점에서 국가란 "주어진 영토 내에서 물리적 힘의 정당한 사용에 대한 독점권을 가진 공동체"라고 정의 내릴 수 있습니다.[2]

2.3. 근대국가의 등장과 특징

그러면 근대국가체제는 어떻게 등장했을까요? 이는 전쟁과 밀접한 관련이 있습니다. 14세기 들어 화약이 도입되면서 전쟁 양상은 획기적으로 바뀌었습니다. 잘 조직된 보병과 포병이 중세 봉건시대의 기사를 대체했습니다. 나아가 전쟁을 전문적으로 하는 상비군이 도입되었습니다. 상비군을 유지하기 위한 비용이 필요했으며 세수증대를 위해 관료제가 정비되었습니다.

근대국가는 폭력을 독점함으로써 전쟁을 수행하고 행정력을 강화하였습니다. 그리고 이를 위한 자원을 추출하기 위해 각종 재정정책을 마련하였습니다. 역사상 진행되었던 이러한 현상을 지켜보고서 틸리(Tilly)는 "전쟁은 국가를 만들었고, 국가는 전쟁을 만들었다"라는 주장을 했던 것입니다.[3] 요컨대 중세유럽의 초국가적인 기독교 공동체를 붕괴시키면서 등장한 근대국가가 더욱 강력한 존재로 등장하게 된 것은 연이은 전쟁을 통해서였습니다.

종교개혁 또한 근대국가체제를 탄생시키는 데 크게 기여했습니다. 중세시기의 권위는 봉건귀족들과 가톨릭교회가 가지고 있었습니다. 그러나 종교개혁운동이 나타나면서 초국가적으로 형성되었던 종교기반은 붕괴하기 시작합니다. 1520년경부터 마틴 루터(Martin Luther)가 주도한 종교개혁

운동은 프로테스탄트와 가톨릭교회의 대립으로 전개되었습니다. 이러한 대립은 또한 유럽 각국의 왕위계승과 얽혀 장기간에 걸친 전쟁으로 이어졌습니다.

가톨릭과 프로테스탄트 간의 종교전쟁이었던 30년 전쟁의 결과 1648년 베스트팔렌 조약(Peace of Westphalia)이 체결되었습니다. 이에 조약체결국은 상호 영토를 존중하고 내정에 간섭하지 않을 것을 약속하는 등 새로운 유럽질서가 형성되었습니다. 근대국가의 특징인 영토, 주권 등의 개념이 도입되었으며, 중세의 종교 칙령보다는 국가의 세속적 권위가 더 우위에 놓이게 되었습니다.

근대국가의 등장과 함께 나타난 것이 '법에 의한 지배'입니다. 즉 전쟁을 위해 필요한 세수증대 과정에서 국왕 권력에 대한 견제, 의회의 권한 등을 포함한 제반 규정이 만들어지게 되는 것이지요. 귀족들과 상공업자들은 돈을 제공하는 대신 국왕이 가진 권한을 자신들과 나눌 것을 요구하게 되며 이것이 법으로 나타나게 되는 것입니다. 국왕과 귀족 또는 상공업자들의 대립은 국가에 따라 조금 다르게 나타납니다. 영국의 경우 장기간에 걸쳐 비교적 온건하게, 그리고 프랑스에서는 과격하게 대혁명이라는 양상으로 나타나게 됩니다.

이 과정은 바로 국왕과 새롭게 부상한 권력 집단(의회)의 관계가 정립되는 과정이라고 할 수 있겠지요. 이러한 법 가운데에서 가장 기본이 되는 것은 헌법입니다. 헌법에서는 국가의 기본정신과 조직을 규정하고서 이를 위해 입법부, 행정부, 사법부 등의 권한과 책임을 명기하고 있습니다. 물론 국민의 권리와 의무도 당연히 들어가게 되겠지요.

사실 근대 이전의 국가에서는 법이 아니라 사람에 의한 지배가 일반적이었습니다. 예를 들어 왕이나 귀족 또는 양반 마음대로 처벌이 이루어지는 경우가 바로 사람에 의한 지배라 할 수 있겠지요. 따라서 근대 이전의 국가에서는 국가가 아닌 특정 조직이 폭력수단을 가지고 있는 경우가 많았습니다. 조금 거칠게 비유하면, 근대 이전의 국가란 오늘날의 조직폭력배 집단과 비슷하다고 볼 수도 있습니다. 국가가 법에 의한 정당성을 부여받고서 폭력을 행사하는 데 비해, 조폭은 그러한 정당성을 부여받지 못했다는 것이지요.

유럽의 봉건 귀족들, 고려 시대의 지방호족들, 도쿠가와 막부 시대 지방 다이묘들의 경우 대부분 독자적인 병사를 보유하고 있었습니다. 그리고 이들의 지배는 법적인 수단이 아니라 특정 개인의 능력에 의한 지배가 일반적이었습니다. 따라서 이러한 국가들은 오늘날의 조직폭력배 집단과 유사하다고 해도 과언이 아닙니다.

독일의 사회학자 베버는 어떤 정치체제가 제대로 기능하기 위해서는 권력 행사가 정당성을 가져야 한다고 주장했습니다. 피지배자가 지배자의 권력 행사를 정당한 것으로 받아들이면 이러한 권력은 권위가 됩니다. 그는 피지배자가 지배자의 권력 행사를 받아들이는 양상에 따라 세 가지 유형의 권위, 즉 전통적 권위, 카리스마적 권위, 법·합리적 권위를 제시했습니다. 전통적 권위란 오랜 시기에 걸친 전통과 관습에 의한 지배 유형입니다.

예를 들어 조선 시대 왕의 권위는 오랜 시기에 걸쳐 진행되어 온 당시의 전통과 관습에 의한 것입니다. 카리스마적 권위란 초인적인 자질을 갖춘 지도자의 능력에 기댄 권위입니다. 마지막으로 법·합리적 권위란 법적인 절차와 제도에 의해서 지배가 정당화되는 권위입니다. 베버가 분류한 전통적 권위나 카리스마적 권위에 의한 지배가 근대 이전의 전근대적인 형태라면, 법적·합리적 권위에 의한 지배는 바로 근대적인 지배형태라 할 수 있습니다.

정리하겠습니다. 근대국가가 등장하는 과정에서 그 특징들은 자연스럽게 나타납니다. 즉 근대국가는 모든 국가가 국가 내에서의 폭력수단을 독점하고 있습니다. 그리고 법을 만들어 법치를 구현하고 있습니다. 근대국가를 구성하는 주된 요소는 국경선으로 구분되는 영토, 그리고 그 영토 내의 인민, 주권 등을 들 수 있습니다.

영토 내의 인민과 자원에 대해 갖는 배타적인 권리이면서 절대적인 권위를 주권(sovereignty)이라고 합니다.[4] 즉 특정 지역 내에서 법을 만들고 세금을 부과하는 유일한 권리를 갖고 있다는 것이지요. 물론 상호의존이 심화되는 오늘날의 현대사회에서 주권이 점점 약화되거나 제한되고 있다는 주장(sovereignty at bay)도 있습니다. 그럼에도 불구하고 주권은 여전히 영토와 인민들에 대한 절대적이고 저항할 수 없는 최고의 권위로 간주되고 있습니다.

근대국가의 등장은 종교개혁과 전쟁을 통해서였습니다. 왕권을 강화하는 과정에서 나타난 것은 '폭력수단의 독점'이며 이는 국가가 강제력(경찰력과 군대)을 통제하는 형태로 나타났습니다. 따라서 근대화란 사적 영역에서 나타나던 폭력이 공공화되는 과정이라고도 할 수 있습니다.

이후 왕권을 견제하기 위한 제도로서 의회가 등장하였으며, 왕권이나 의회 권력에 대한 견제의 규칙으로 나타난 것이 '법에 의한 지배' 관념입니다. 법에 의한 지배가 확립되면서 사적인 폭력은 법적 판단의 대상이 되었습니다. 반면 국가에 의한 폭력행사는 법적 판단의 대상에서 비켜서 있는 경우가 많았습니다.

근대 이후의 국제관계에서 국가는 가장 중요한 행위자로 등장했습니다. 물론 다른 행위자도 있습니다. 유엔이나 IMF, APEC 등과 같은 국제기구, 그리고 초국적 기업 등도 국제관계의 중요한 행위자라 할 수 있습니다. 그렇지만 국가만큼 중요하고 영향력 있는 행위자는 아직 나타나지 않고 있습니다. 왜냐하면, 국제관계에서의 다른 행위자와는 다르게 폭력수단을 독점적으로 가지고 있기 때문입니다.

3

군사혁명과 유럽의
팽창, 폭력의 세계화

3.1. 전쟁과 산업화

근대국가는 더 많은 자원을 추출하기 위해 여러 가지 방법을 만들어 내었습니다. 우선 시민권을 확대시켰습니다. 왜냐하면, 자원추출 대상, 즉 세금 받는 대상을 확대해야 더 많은 자원을 추출할 수 있기 때문입니다. 신분제도를 철폐하고 투표권을 확대하여 조세수입을 늘렸습니다. 이리하여 일정 영토 내의 모든 주민에 대해 강제로 세금을 징수하게 됩니다.

과거 토지에 국한되었던 생산수단은 산업혁명을 겪으면서 공장 등의 다른 자본재로 확대되었습니다. 근대국가는 농업만이 아니라 상업과 공업의 육성에도 힘을 쏟았습니다. 세금징수를 더욱 효율적으로 하기 위해 전문 관료집단이 등장했습니다. 이의 결과 근대국가의 자원추출능력은 획기적으로 늘어났습니다.

프랑스 대혁명 이후 전쟁 양상 또한 전 국민이 전쟁에 참여하는 총력전의 형태를 띠게 되었습니다.[1] 혁명에 저항하는 국내와 국외의 반혁명세력에 저항하여 혁명정부를 지킨다는 명분으로 국민 총동원령이 시행되었던 것이지요. 국민 총동원령은 큰 반발 없이 의외로 순조롭게 진행될 수 있었습니다. 왜냐하면, 당시 프랑스 사회는 흉작과 인플레이션으로 극도의 빈곤과 혼란 상태였기 때문입니다. 군대가 오히려 의식주가 해결되는, 안정적인 생활이 가능한 조직이었던 셈이지요.

전쟁이 총력전의 양상으로 전개되면서 민간부문의 기술들이 군대에서 활용되는가 하면 무기체계도 그 변화의 속도가 빨라졌습니다. 그러나 이 시기 전쟁의 양상을 바꾸는 데 더 큰 역할을 한 것은 무기의 혁신보다는 수송부문에서의 혁신이었습니다. 다시 말해 이 시기의 전쟁 양상을 바꾼 가장 큰 기술은 증기선과 철도라는 운송수단의 변화였습니다. 증기선 건조사업에 민간기업들이 참여하면서 증기선이 획기적으로 발달하였으며, 해군함정에도 사용되기 시작했습니다.

증기기관 해군함정을 둘러싸고서 영국과 프랑스의 경쟁이 심화되었습니다. 해군함정, 소총제조, 대포제조, 강철제련법 등에서 각국의 경쟁이 격화되었습니다. 무기가 돈벌이가 되면서 전쟁이 산업화 단계에 진입하게 됩니다. 이의 결과 민간제조업체에서 만든 무기가 정부에서 만든 무기보다 더 우수한 경우가 많아졌습니다. 1860년대에는 전 세계적으로 산업화된 무기산업이 등장하는가 하면, 수공업적인 무기제조업은 완전히 사라졌습니다. 기업 간 경쟁은 국가 간 경쟁으로 비화하여 무기발전을 더욱 촉진시켰습니다.[2]

증기기관차의 등장은 기존 육상운송의 한계를 완전히 극복했습니다. 철도가 동물수송을 대체함으로써 장비 이동의 속도와 범위가 대폭 확대되었습니다. 지형 지세와 거리 등의 자연적 장애를 극복함으로써 군사 행동 범위가 대폭 확대되었습니다. 유럽의 병력은 지구 먼 곳까지 진출할 수 있었습니다.

예를 들어, 시베리아를 횡단하는 철도가 놓이게 되면 유럽에서 동아시아까지 바로 군사력 투입이 가능했습니다. 더군다나 최신식 유럽식 장비로 무장하면 소규모의 부대로 아시아, 아프리카의 국가들을 가볍게 제압할 수 있었습니다. 실제로 아편전쟁 기간 동안 영국의 군사예산은 전쟁 전과 비슷하거나 오히려 축소된 것으로 나타나고 있습니다. 요컨대 열차를 이용한 병력이동과 보급은 과거와는 다르게 한 국가의 산업역량이 전쟁에서 얼마나 중요한지를 일깨워주었습니다.

전쟁을 통해 근대국가가 등장했다는 것은 세계화 또한 전쟁과 폭력이 수반될 것이라는 점을 의미합니다. 왜냐하면 서구의 산업혁명 이후 나타난 첫 번째 세계화가 바로 서구 열강들에 의해 진행되었기 때문입니다. 근대 국가의 형성 과정에서 군사력 증강과 이를 위한 자원추출이 국가의 가장 중요한 덕목이 되었습니다. 실제로 이후의 역사를 보게 되면, 근대국가의 출현과 세계화로 폭력은 일상적이 되었습니다. 폭력의 규모와 강도 또한 이전과 비교할 수 없을 정도로 커지고 강해졌습니다.

서구 열강들은 서로 간의 전쟁 뿐 아니라 식민지를 둘러싼 경쟁에서 뒤지지 않기 위해 군사력을 더욱 증강시켰습니다. 국가의 모든 제도는 군사력 증강을 위해 존재하게 되었습니다. 국가의 모든 정책은 전쟁에 이기기 위해 그 나름대로의 경로를 따라갈 뿐입니다. 전쟁을 위한 국가가 된 것입니다. 전쟁으로 이익을 보는 집단이 세력화되어 국가기구를 장악합니다. 이때부터 국가는 전쟁으로 지탱됩니다. 바로 전쟁국가의 출현입니다.

3.2. 국가의 팽창과 식민지 개척

증기기관의 발명으로 타 지역으로의 진출이 용이해지면서 유럽 국가들은 더 많은 자원을 추출하기 위해 또 다른 방안에 착수하게 됩니다. 바로 식민지 확보였습니다. 증기선과 철도가 도입되면서 병력, 무기, 보급물자의 수송에 큰 변화가 나타났습니다. 유럽 국가의 병사들은 과거에 비해 훨씬 용이하고 안전하게 타 지역으로 진출할 수 있었습니다.

수송비용이 낮아지고 교통과 통신이 빨라지면서 유럽 국가들은 아시아와 아프리카의 국가들을 자신들의 시장질서로 끌어들이게 됩니다. 첫 번째 세계화라고 할 수 있겠지요. 대량살상이 가능한 무기로 무장하여 적은 군사력으로 아시아, 아프리카를 식민지로 확보하는가 하면, 중국과 일본에도 문호개방을 요구하기에 이르렀습니다. 즉 근대화에 성공한 국가들은 더 많은 자원을 추출하기 위하여 식민지 확보가 중요해졌던 것입니다.

값싼 원자재를 확보하고 자신들만의 배타적인 시장을 갖기 위해 각국은 경쟁적으로 식민지 쟁탈에 뛰어들었습니다. 산업혁명에 가장 앞섰던 영국과 네덜란드가 선두에서, 그리고 프랑스와 독일이 뒤를 이었습니다. 지리상의 발견과 대항해시대에 나타났던 범선은 증기기관으로 대체되었습니다.

증기기관이 선박에 이용되면서 과거의 위험했던 대항해시대가 종식되었습니다. 바람의 세기나 방향과는 관계없이 영속적인 항행이 가능해지게 되었습니다. 대내적인 자원추출이 시민권 부여에 의한 조세수입의 확대라는 형태로 이루어졌다면, 대외적인 자원추출은 식민지 개척과 이들을 유럽 중심의 시장질서에 편입시키는 형태로 이루어졌습니다.

19세기 들어 유럽의 근대국가체제는 더욱 강화되는 양상을 보입니다. 국경선이 더욱 엄격하게 적용되면서 여권제도가 도입되었습니다. 산업혁명 초기에 나타났던 자유무역의 움직임은 각국이 경쟁적으로 보호주의 무역정책을 도입함으로써 사실상 종식되었습니다. 20세기 들어 국가 기능이 더욱 확대된 것은 바로 전쟁 때문이었습니다.

제1차 세계대전과 제2차 세계대전은 국가의 모든 자원을 동원하는 전면전(total war)으로 전개되었습니다. 전쟁을 위해 전 국민과 모든 산업역량이 총동원되었습니다. 전쟁비용의 증가로 조세수입은 1930년~1945년 사이에 거의 두 배나 늘어났습니다. 20세기 초중반의 전쟁으로 국가 기능은 더욱 팽창되었습니다.

정리하겠습니다. 서구의 역사에서 근대국가의 출현은 전쟁과 함께 시작되었다고 할 수 있습니다. 그리고 전쟁을 위해 자원추출을 극대화하는 과정에서 국가권력은 계속 팽창되었습니다. 대내적으로는 폭력수단을 독점하고 조세제도 개혁에 적극적으로 나섭니다. 더 많은 자원을 추출하기 위하여 국가가 산업화에 직간접적으로 개입하였습니다.

민간에서 시작되었던 산업혁명과 기술적 효과는 군사부문으로 파급되어 무기산업이 본격화되었습니다. 운송수단의 발달로 서구 국가들은 아프리카와 아시아의 먼 지역까지 군사력을 투사할 수 있게 되었습니다. 대량살상무기로 무장한 군대는 위협과 전쟁을 통해 타 지역을 강제적으로 식민지화하는가 하면, 서구식 자본주의 시장체제로 편입시켰습니다.

서구 국가들이 동아시아에 진출하는 시기 또한 바로 이 무렵부터입니다. 영국과 청나라와의 사이에 벌어진 아편전쟁이 1840년 전후에 걸쳐 있으며, 미국의 페리 제독이 도쿄 앞바다에서 개항을 요구한 것이 1853년이었습니다. 앞서 설명한 바와 같이 무기산업의 비약적 발전, 증기기관의 도입으로 육지와 해상의 운송수단에 획기적 변화가 일어나고 있던 시기였습니다. 당시 청나라나 도쿠가와 막부가 지닌 군사력보다 압도적인 무력으로 서구 열강들이 진출해온 것이지요.

　그렇다면 서구 국가들의 해외진출 또는 침략은 동일한 양상으로 전개되었을까요? 결론부터 말씀드리면 그렇지 않습니다. 국가별로 달랐을 뿐 아니라 자본주의의 발전단계에 따라서도 침략의 양상이 다른 모습을 띠고서 나타납니다. 다음 절에서는, 이에 대해 살펴보도록 하겠습니다.

3.3. 서구의 동아시아 진출

　영국이 최초로 산업혁명을 이끈 나라라는 것은 익히 알려진 사실입니다. 19세기 중엽 들어 영국은 최초의 산업혁명을 수행하면서 압도적인 생산력 우위로 '세계의 공장'이 되었습니다. 뒤이어 프랑스, 독일, 미국 등 후발 국가들 또한 산업혁명을 본격적으로 수행하면서 국가 간 경쟁은 더욱 확대되었습니다. 산업혁명이란 기본적으로 기계에 의한 대량생산을 의미합니다. 따라서 값싼 원자재확보와 상품판매를 위한 경쟁이 격화될 수밖에 없습니다.

　산업화가 진전되면서 서구 국가들은 시장 확대를 위해, 그리고 값싼 원료를 확보하기 위해 적극적으로 해외 진출에 나설 수밖에 없게 되었습니다. 이 과정에서 서구 자본주의 국가들은 후진국들을 자국의 식민지로 편입시키면서 전 세계적인 범위에 걸친 경제 관계를 구축하게 됩니다. 19세기 중엽에는 전 지구적 범위에서의 세계 자본주의 체제가 확립되게 됩니다. 이것이 첫 번째 세계화로서 전 세계적 범위의 무역체계가 구축되는 시기입니다.[3]

해외시장 개척 초창기의 영국은 자유무역을 표방하면서 적극적으로 해외시장 진출에 나섰습니다. 영국이 표방한 자유무역체제는 국제적으로도 확산하여 1860-70년대는 자유무역이 역사상 가장 순수하게 전개된 시기였습니다. 즉 이 시기의 자본주의는 다른 나라를 정복하기 위한 식민지적 지배에 중심이 있었다기보다는 자유무역을 표방하고 이를 위한 문화개방 정책을 추구하는 데 주된 목적이 있었다는 것입니다.[4]

물론 산업자본주의 단계에서도 식민지 지배라는 자본주의의 제국주의적 속성이 없었던 것은 아닙니다. 즉 중앙집권적 국가권력의 힘이 약했던 아프리카 등에서는 식민지배와 같은 직접적 지배의 형태를 취하고 있었습니다. 그러나 중앙집권적 국가권력이 확립된 동아시아 국가들에 대해서는 문호개방을 요구하고 있었다는 점에서 '자유무역 제국주의'의 특징을 갖고 있었다고 할 수 있습니다.

그러나 자유무역 제국주의는 자본주의의 초기에 나타나는 형태입니다. 이 단계를 지나 1880년대 들어서게 되면 독점자본주의 또는 이의 대외팽창과정에서 식민지 지배 제국주의가 전개되게 됩니다. 즉 미국이 일본에 진출하여 개국을 요구했던 시기의 자본주의는, 독점자본주의 단계에서의 기술 및 자본조건이 부분적으로 나타나기는 하지만, 여전히 산업자본주의 단계의 기술과 자본조건이 일반적이었던 제국주의였습니다.[5]

이 책의 앞부분에서 근대국가의 특징 중 하나가 바로 국가가 폭력수단을 독점적으로 통제하게 되었다고 했지요. 따라서 근대국가체제를 일찍부터 수립한 유럽 국가들이 다른 문화와 접촉할 때도 폭력적인 방식이 동원되었습니다. 유럽 국가들의 해외 진출은 그 목적이 시장경제를 통한 자신들의 사업이익에 있었습니다.

물론 폭력 없이 시장경제가 정착될 수 있다면 폭력은 사용되지 않을 테지요. 그러나 시장경제가 구축되지 않은 지역은 타협이나 공존의 대상이 될 수 없었습니다. 서구 국가들의 해외 진출은 기본적으로 시장경제가 구축되지 않은 지역으로의 침투입니다. 이런 점에서 유럽 국가들의 해외 진출, 곧 앞서 언급한 제국주의의 해외 진출은 기본적으로 폭력적인 과정으로 전개될 수밖에 없었습니다.

물론 유럽 국가들의 해외 침략이 똑같은 형태로 전개된 것은 아닙니다. 즉 유럽 국가들 가운데 가장 일찍이 해외에 진출했던 스페인과 포르투갈, 그리고 이후의 네덜란드와 영국의 해외사업이 똑같은 양상으로 전개된 것은 아니라는 것이지요. 다소 단순화시킨 것이기는 하지만, 포르투갈이나 스페인의 사업은 무력을 이용하여 상대방의 이익을 빼앗는 방식으로 전개되었습니다. 반면, 네덜란드와 영국의 경우 무력을 사용하더라도 시장경제를 통한 사업이익을 얻기 위한 것이었습니다.

스페인과 포르투갈의 사업은 정치적, 군사적 힘을 통한 약탈과 강탈의 성격이 강했습니다. 반면, 네덜란드와 영국의 동인도회사는 폭력의 사용 자체가 목적이 아니라 이를 통해 시장체제를 강요하는 성격이 강했습니다. 산업혁명을 수행했던 국가와 그렇지 못했던 국가 간 차이라고 할 수 있을 것입니다. 전자의 경우 해외 침략의 목적이 시장확보에 있었다면, 후자의 경우 그 목적이 단순한 귀금속의 강탈에 있었습니다. 전자의 경우, 시장확보가 되지 않을 때 폭력적인 수단이 동원되었다면, 후자의 경우 아예 폭력적인 방법으로 금, 은을 빼앗는 것이었습니다.

네덜란드와 영국은 무역을 원했습니다. 특히 영국과 같이 산업혁명을 수행한 국가는 값싼 원료를 확보하고 대량생산된 상품을 판매할 시장이 필요했습니다. 그러나 포르투갈과 스페인은 대량생산된 상품이 없었으며, 값싼 원료를 확보할 필요도 없었습니다. 자본주의적 시장경제가 구축되면 지속적인 거래가 가능합니다. 반면, 일방적인 강탈과 약탈은 일회성에 그칠 수밖에 없습니다.

결과론적으로 보게 되면, 무력을 이용하여 상대방의 이윤을 빼앗는 포르투갈과 스페인의 사업은 아프리카나 아시아의 기존 상업체제에 큰 영향을 미치지 못했습니다. 반면 똑같이 무력을 사용하더라도 시장경제를 통해 사업이익을 추구했던 네덜란드와 영국 동인도회사의 사업은 아시아의 경제에 더 큰 변화를 초래했습니다.[6] 직접적인 부의 강탈은 일회적 수탈에 그친 반면, 유럽식 시장질서의 강요는 지속적인 수탈을 가능하게 했던 것입니다.

동인도회사의 사업방식을 가장 잘 보여주는 것은 '현지무역(country trade)'입니다. 이는 아시아의 각 지역을 돌아다니면서 특정 지역의 상품을 사고팔고 하는 거래를 말합니다. 스틴스고르(N. Steensgaard)는 동인도회사의 이러한 활동이 아시아 지역의 시장경제를 더욱 발전시켰을 뿐 아니라, 아시아의 광범위한 지역이 시장경제로 나아가게 했다고 주장했습니다.[7]

근대 이후 서구에서 나타났던 각국 간 관계는 국가 주권의 원칙에 입각한 대등한 관계였습니다. 각국은 대등하게 자국의 주권을 가지고 있기 때문에 국제질서는 단원적이 아니라 다원적입니다. 서구의 근대적 국제질서에서는 국가가 자국의 이익을 추구하고 이 과정에서 국가 간의 다툼이 나타나는 것을 당연한 것으로 파악합니다.

그러나 각국이 대등하다는 것은 서방국가들에 한정된 것이었습니다. 해외 진출과정에서 서구 국가들이 비서구 국가들에 대해 보여준 행태는 완전히 달랐습니다. 즉 비서구 국가들에 대해서는 정치, 경제 등의 모든 면에서 철저하게 일방적이고 착취적인 식민주의적 질서였습니다. 이 과정에서 서구가 만들어 낸 근대적 국제질서는 세계의 표준으로 자리 잡게 되었습니다. 서구 국가들은 자신들의 관념과 제도, 규범들을 세계의 표준으로 확대하였습니다.

이러한 움직임의 배경에는 19세기 유럽사회를 지배했던 사회진화론이 있습니다. 이들은 산업화된 유럽을 가장 발달한 사회이며 가장 앞선 문명으로 파악합니다. 당연하게도 다른 사회와 문명은 서구를 따라 진화해야 합니다. 강대국이 약소국을 지배하는 것은 자연스러운 것입니다. 사회진화론은 이후 제국주의와 나치즘, 파시즘을 정당화하는 데 이용되기도 했습니다.

근대 이후 오늘날까지도 유럽적인 사고와 기준은 여전히 절대적 지배력을 행사하고 있습니다. 이를 우리는 '유럽 중심주의' 또는 '서구중심주의'라고 부릅니다.[8] 근대 이후의 역사에서 유럽은 주도적이고 중심적인 역할을 하게 됩니다. 다른 지역들은 거의 유럽의 식민 지배하에 들어가게 되었습니다. 비서구 국가들이 이를 받아들이는 데에는 많은 시간과 비용이 필요했으며 많은 희생을 치러야 했습니다.

그렇다면 당시 동아시아 국가들, 구체적으로 중국과 일본은 서구 국가들의 침략에 어떻게 대응했을까요? 다음 장에서는 서구 국가들의 동아시아 진출과 중국, 일본의 대응에 대해 살펴보기로 하겠습니다.

4

아편전쟁과
서구적 표준의 확대

4.1. 유교적 국제질서와 근대 국제질서

19세기 중엽 동아시아에 가장 먼저 진출한 국가는 산업혁명이 가장 빨랐던 영국이었습니다. 영국의 중국진출은 당연하게도 군사력을 배경으로 이루어졌습니다. 당시 중국과의 무역에서 무역적자에 시달리고 있었던 영국이 아편전쟁(1840-42년)을 일으키고 그 결과 맺은 난징조약(1842년)으로 중국의 문호를 개방시키면서 시작되었습니다. 아편전쟁은 말 그대로 영국이 중국에 아편을 팔기 위해 일으킨 전쟁입니다.

이 전쟁은 두 차례에 걸쳐, 제1차 아편전쟁(1840-1842), 제2차 아편전쟁(1857-1860)으로 전개되었습니다. 아편전쟁은 근대 이후 서구 문명과 동아시아 문명이 부딪친 최초의 무력충돌입니다. 동시에 동아시아가 서구를 중심으로 짜인 근대 국제질서에 편입되는 기점이기도 합니다. 동아시아가 서구에서 만들어진 근대 국제질서에 들어가기 전까지 이 지역에서는 유교적 국제질서로 짜인 국가 간 질서가 작동되고 있었습니다.

이 시기의 중국은 서양과 마찬가지로 신분제 사회였습니다. 신분제 사회란 신분에 따라 사람 사이의 불평등을 인정하는 사회입니다. 이러한 불평등은 정치적 권력, 경제적 부의 불평등으로 이어지지요. 그러나 유교에서는 이러한 불평등이 잘못된 것이 아닙니다. 즉 신분제 자체가 잘못된 것이 아니라 사람들이 이를 악용하는 것이 잘못된 것입니다.

유교 사상의 핵심은 자신의 이름에 걸맞은 역할을 해야 한다는 소위 '정명론(正名論)'입니다. 정치란 사람들 각자가 자신의 이름에 걸맞은 역할을 함으로써 실현된다는 것이지요. '군군신신부부자자(君君臣臣父父子子)', 즉 군주는 군주다워야 하고, 신하는 신하다워야 하며, 아비는 아비다워야 하고, 자식은 자식다워야 한다는 것이지요. 군주는 덕으로써 신하를 보살펴야 하고 신하는 충으로 군주에게 성심을 다해야 합니다. 아비는 사랑과 자비로 자식을 보살펴야 하며, 자식은 부모에게 효도하고 존경해야 하는 것이 바로 유교의 도리입니다.[1]

유교적 질서는 국가 간 관계에서도 그대로 적용됩니다. 유교적 국제질서의 핵심은 '화이(華夷)' 사상입니다. 중국을 중심으로 한 위계적인 질서가 바로 국가 간 관계의 기본이 되는 것이지요. 대국(大國)인 중국은 소국(小國)인 주변 국가를 예의와 덕을 갖추어 잘 돌보아야 하고 소국 또한 예의를 갖추어 중국을 잘 섬겨야 합니다. 이것이 소위 '자소사대(字小事大)'의 동양적 국제 정치질서입니다.

군주(형) 국가인 중국은 신하(아우) 국가를 예와 덕을 갖춰 보살펴야 합니다. 국가 간 질서가 위계적이긴 하지만 일방적인 상하관계라고 할 수는 없습니다. 서로 예의와 도덕을 갖추고 서로 존중하는 관계가 되는 것입니다. 즉 유교질서가 국가 간 관계에서도 확대되어 나타난 것입니다. 이런 측면에서 보게 되면 유교적 국제질서를 지배와 종속의 관계로 보기도 어렵습니다.

조공과 책봉을 근간으로 하는 동아시아의 국제질서는 중국이라는 강대한 세력과 주변의 약소세력들이 유교 사상을 토대로 만들어 낸 규범과 제도였습니다. 동아시아의 국제관계는 주권적 평등을 기초로 한 질서가 아니라 공식화된 위계질서로 국가 간 관계가 이루어져 있었습니다. 그러나 이와 같은 위계적인 국가 간 관계가 강대국과 약소국 또는 제국주의 국가와 식민지 사이에서 나타나는 것과 같이 착취와 수탈로 이루어지는 관계는 아니었습니다.

공식적 위계질서를 전제하지만, 약소국 사회의 내적 자율성을 전제로 한 질서였습니다. 중화질서에서는 종속적 지위에 있는 국가도 내치에서 실질적 자율성을 가지고 있었습니다. 외교에서도 일정한 자율성을 갖고 있었습니다. 그런 점에서 지배의 양식이라기보다는 묵시적 또는 명시적인 일련의 원칙, 규범, 규칙 등과 같은 레짐(regime)의 성격이 강했습니다.[2]

유교문명권에서는 물질적인 욕망을 적극적으로 추구하는 것은 그다지 좋은 가치가 아니었습니다. 삶의 가치에서 중요한 덕목은 절제와 청빈을 강조하는 도덕적인 생활이었습니다. 도덕에 비해 경제는 부차적인 가치였습니다. 유교적 전통이 뿌리 깊은 사회에서는 오랜 농경 생활을 토대로 상업을 억제하는 중농억상정책(重農抑商政策)이 강하게 나타나는 것을 알 수 있습니다. 중국의 경우 광활한 토지와 풍부한 물자를 기반으로 한 자급자족경제의 토대 위에 황제의 권위가 수립되었습니다. 따라서 상업을 그다지 중요시하지 않았습니다.

이러한 태도는 외국과의 무역에서도 나타나고 있습니다. 다른 나라와의 교역 필요성을 크게 느끼지 못했을 뿐 아니라, 무역 자체를 상대국에 베푸는 시혜로 간주했던 것이지요. 감합(勘合)이라는 표찰을 통해서만 가능했던 감합무역(勘合貿易) 또는 조공무역은 상당한 경제적 이권과 연결되어 있었기 때문에 주변국 상인들에게는 중요한 것이었습니다. 그러나 중국에 있어서 이러한 무역은 주변국에 베푸는 일종의 외교적 의례였습니다. 청나라에 진출하려 했던 서구의 상인들이 더 많은 교역을 하고 싶어도 못했던 것은 이러한 제도와 거래 관행이 여전히 남아 있기 때문이었습니다.[3]

유럽에서 형성된 근대 국제질서는 유교적 국제질서와는 다릅니다. 즉 국가 간 관계가 위계적이고 수직적 관계가 아니라 대등한 관계입니다. 각국은 국익을 추구하고 이를 위해 경쟁하는 관계입니다. 중화질서에서 보게 되면, 무역은 천자의 국가가 신하국가에 베푸는 것입니다. 선진문물과 기술을 시혜 차원에서 중국이 나누어 주는 것이지요. 반면 산업혁명 이후의 서구에서, 무역은 자유롭게 이루어져야 할 기본적인 권리입니다.

중국과 영국은 동아시아의 중화질서와 유럽의 근대 국제질서를 대표하는 국가들이었습니다. 따라서 양 문명의 충돌은 그 승패에 따라 이후의 세계질서를 결정짓는 충돌이었다고 할 수 있습니다. 결과적으로 아편전쟁에서 영국은 승리했습니다. 그리고 이후의 국제질서는 유럽에서 형성된 근대 국제질서에 따라 재편되게 됩니다.

4.2. 아편전쟁

중화질서와 근대 서구 문명의 충돌, 이것이 아편전쟁의 본질이라고 할 수 있습니다. 양 문명 간에 존재하는 근본적인 차이가 아편판매를 둘러싸고서 폭발한 것입니다. 그런데 왜 아편판매를 둘러싸고서 양국이 충돌한 것일까요? 이에는 경제적 배경이 있습니다. 당시 영국은 자유무역 제국주의를 표방하며 세계 각국에 문호개방과 자유무역을 적극 요구했습니다.

그러나 앞서 언급한 바와 같이 중국은 무역을 중화제국이 주변국들에 베푸는 시혜의 일종으로 간주했습니다. 따라서 중국은 영국과의 무역에서 전 지역의 모든 사람에게 상행위를 허용하지는 않았습니다. 지역적으로는 광저우(廣州)라는 지역, 그리고 관청에서 허가한 상인조합인 공행(公行)을 통해서만 무역이 허용되었습니다. 따라서 외국 상인들은 중국 시장에 직접 접근할 수 없었습니다. 이러한 무역제도를 광둥무역제도(廣東貿易制度)라고 합니다.

영국은 초기에는 광둥무역제도를 타파하기 위한 외교적 노력을 기울였습니다. 그럼에도 불구하고 중국의 각종 무역 제한을 바꿀 수는 없었습니다. 당시 중국은 무역의 필요성을 느끼지 못했을 뿐 아니라 자신들의 유교적 세계관을 바꿀 마음도 전혀 없었습니다. 외교적인 방법으로 해결하기가 어렵다는 점을 인식한 영국은 군사적인 방법으로 문제를 해결하는 것이 낫겠다는 판단을 하게 됩니다.

당시 중국과 무역을 하고 있었던 영국인들 사이에서는, 외교적 방법에 의한 광둥무역제도의 변화가 사실상 불가능하며 무력으로 제도변화를 꾀해야 한다는 생각이 광범위하게 퍼져 있었습니다.[4] 무역확대를 위해 전쟁도 불사하려는 영국에게 그 구실을 제공한 것이 아편을 둘러싼 분쟁입니다. 즉 아편 문제는 전쟁의 직접적 원인으로 보이지만 실은 중국의 무역관행에 대한 영국의 불만이 표출되는 계기가 되었던 것이라 할 수 있습니다.

당시 영국은 모직물, 면직물, 금속 등 공업제품의 수출확대를 꾀했으나 수출은 늘지 않았습니다. 반면, 중국으로부터 차, 생사, 도자기 등의 수입이 늘어나면서 무역적자가 심화되고 있었습니다. 이의 결과 당시 영국은 다른 지역과의 무역에서 막대한 은을 가져왔지만, 이는 고스란히 중국으로 다시 흘러갔습니다. 즉 영국의 동인도회사는 중국에 진출한 이후 계속 무역적자를 보았던 것이지요. 영국이 중국에 아편을 팔려고 했던 이유는 바로 이러한 무역적자를 메꾸기 위한 것이었습니다.

영국의 동인도회사가 인도산 아편을 중국으로 밀수출함으로써 중국의 아편 수입은 급증하게 됩니다. 당연하게도 중국으로부터 다량의 은이 이제는 영국으로 유출되게 되어 청나라의 재정은 악화되었습니다. 더군다나 아편이 관리와 병사들에게도 확산되어 이들의 기강이 해이해집니다. 그 결과 군사력과 행정력이 제대로 작동되지 않게 되면서 중앙권력의 통제에 어려움이 나타나게 되었습니다. 이에 청나라 조정은 린쩌쉬(林則徐)를 흠차대신(欽差大臣)에 임명하여 영국 상인들의 아편을 몰수, 폐기하였습니다.

흠차대신이란 중국 청나라 시대의 임시 관직명입니다. 황제가 특정한 중요 사건을 처리하기 위해 특별한 권한을 부여하여 임명하는 고위 관료인 셈이지요. 여기에서는 영국의 아편 밀수입 문제를 처리하기 위하여 특별히 파견된 특명전권 고위 관리가 되겠지요. 광동에 파견된 린쩌쉬는 영국 상인들의 아편을 몰수하고 소각하는 등의 강경책을 취했습니다. 아편 무역을 둘러싸고서 양국의 관계가 한층 악화되는 와중에 영국 수병들의 중국인 살해사건이 발발하였습니다. 나아가 이 사건의 재판관할권을 둘러싼 대립으로 양국관계는 더욱 악화되었습니다.

당시 영국은 중국 '공행(公行)'에 의한 무역독점을 타파하여 중국 시장을 개방시키려 하고 있었기 때문에 개전을 결정했습니다. 정의롭지 못한 전쟁이라는 야당의 강한 반발에 부딪혀 파병 관련 예산은 근소한 차이로 승인되었습니다. 1840년 6월 영국 원정군이 광둥(廣東)에 도착함으로써 전쟁은 시작되었습니다. 전쟁은 시종일관 영국의 우세로 지속되었습니다. 1841년 들어서는 인도로부터 병력 보강이 이루어져 영국군의 규모는 한층 커졌습니다.

이때 등장했던 배가 전쟁의 판도를 한꺼번에 바꾼 네메시스호[5] 입니다. 네메시스호는 이전의 전투함들과는 다르게 증기기관 엔진 2대를 장착했기 때문에 기동성이 좋았을 뿐 아니라 선체 전부를 철갑으로 장착한 철갑 전투함이었습니다. 더군다나 얕은 곳에서도 작전을 수행할 수 있도록 만들어졌기 때문에 해안 인근의 얕은 바다나 강에서도 적의 요새에 포격이 가능했습니다.

이전의 전함들에서는 함포가 고정되어 있었으나 네메시스호의 경우 피벗 마운티드 건(Pivot Mounted Gun)[6]을 장착하여 함포의 회전이 자유로웠습니다. 즉 포격을 위해 배 전체를 돌릴 필요가 없게 되어 기동성이 대폭 향상된 것이지요. 이에 대항하고 있었던 청나라의 정크선(Junk Ship)은 목재로 된 선체에 바람을 이용하여 이동하는 돛이 달린 배였습니다. 당연히 상대가 되지 않았겠지요. 청나라 민중들이 네메시스호를 '귀신선(Devil Ship)'이라고 한 데에서도 알 수 있듯이 당시 네메시스호의 활약은 대단했습니다.

해상뿐 아니라 육지에서의 전투에서도 영국군의 진격은 파죽지세로 이루어졌습니다. 1842년 6월 상하이, 그리고 7월에는 더 내륙의 전장(鎭江)까지 진격해 들어갑니다. 베이징과 연결되는 대운하와 양쯔강이 만나는 핵심 요지이지요. 청나라도 이 지역의 중요성을 인식하여 1천 6백 명의 군인, 그리고 가족들까지 합세하여 결사 항전했지만, 영국군을 막지 못하였습니다.

이 전투에서 청나라 측은 약 1천 명이 전사했습니다. 이에 비해, 영국군 사망자 수는 불과 36명에 그쳤습니다. 이러한 차이가 나게 된 큰 이유 가운데 하나는 청나라군과 영국군의 무기가 질적으로 달랐기 때문이었습니다. 당시 청나라 측 군인들이 갖고 있었던 화기는 심지에 불을 붙여 발사하는 방식의 화승총이었습니다. 반면, 영국군은 사거리나 발사 간격 시간에서 화승총보다 성능이 뛰어난 총기로 무장하고 있었습니다.

요컨대 해상뿐 아니라 육상전에서도 중국군에 비해 영국군은 압도적으로 우세를 보였습니다. 그 이유는 무기의 우수성과 군대의 사기에 있었습니다. 전투함과 개인 총기 등 양국의 무기 성능이 비교되지 않을 정도로 영국이 앞서 있었습니다. 그리고 군대의 사기와 전술 면에서도 청나라와 영국은 달랐습니다. 영국이 계속된 식민지 개척과 전쟁으로 군대의 체제가 잘 정비되어 있었던 데 비해, 청나라의 경우 오랜 기간의 평화 속에서 내부 사기와 기강이 상당 부분 이완되어 있었습니다.

청나라는 더 이상 버틸 수 없다고 판단, 대표단이 영국 진영을 방문하여 양국 간에 협상이 진행되게 됩니다. 이 결과로 나온 것이 1842년 8월 29일의 난징조약입니다. 청나라의 패배로 맺어진 조약이었기 때문에 그 내용은 청나라에 매우 불리한 것이었습니다. 난징조약에서 영국이 겨냥한 핵심목표는 두 가지였습니다.

첫째는 공행을 중심으로 상거래가 이루어지는 광저우 체제를 폐지하는 것이었습니다. 즉 공행이 독점하고 있었던 무역이 영국으로서는 무역에 커다란 걸림돌이었기 때문에 기존의 무역항구였던 광저우 이외에 상하이,

닝보, 푸저우, 샤먼을 개항시킴으로써 공행이 독점하고 있었던 광저우의 무역체제를 폐지한 것이지요. 두 번째는 청나라가 당시까지 고수하고 있었던 조공무역을 폐지하고 영국이 세운 무역관행을 받아들일 것을 요구한 것이었습니다. 이는 당시까지 이 지역에서 이루어지고 있었던 중국을 정점으로 한 수직적인 유교적 국제질서, 즉 화이질서가 영국에 의해 서구식 국제질서로 대체되리라는 것을 의미하는 것입니다.

아편전쟁은 동아시아를 지배하고 있었던 중화질서가 붕괴하고 서구적 국제질서가 이 지역으로 파급되는 큰 사건이었습니다. 그러나 당시 청나라는 이것이 무엇을 의미하는지에 대한 인식이 여전히 부족했습니다. 국가 간의 조약인 난징조약에 대해서도 중국에서는 불평등 조약이란 인식이 전혀 없었습니다. 조약 내용 또한 중국의 바깥에 있는 오랑캐를 다루는 연장선 상에 있었습니다.

무역상의 이권을 허용한 것에 대하여 중국은 외부의 오랑캐인 영국인들을 달래주면서 동시에 조약으로 그 한계를 설정한 것으로 생각하였습니다. 영사재판권에 대해서는, 외국인들 간의 범죄는 그들 스스로 다스려야 한다는 전통적 정책의 연장으로 받아들였습니다. 최혜국 조항의 경우, 황제는 모든 외국인에 대하여 동등한 은혜를 베푼다는 시각이었습니다. 따라서 전쟁에서의 패배와 조약에도 불구하고 중화 중심의 질서에 변화는 없다고 생각했던 것입니다.[7]

영국을 비롯한 서구 국가들은 제1차 아편전쟁으로 맺은 난징조약의 내용에 대해 불만이 많았습니다. 왜냐하면, 난징조약 이후 중국에 대한 영국 면직물의 수출이 급증하기는 했으나 기대만큼 크지 않았기 때문입니다. 그 때문에 영국은 더 많은 지역으로 진출을 할 필요가 있었습니다. 즉 더 많은 항구와 지역에 접근해야 할 뿐 아니라 황제가 거주하는 베이징에 진출해야 할 필요성도 인식했습니다.

이를 위해 서구 국가들은 중국 시장의 완전한 개방과 자국 대표의 베이징 상주 등을 요구하였습니다. 그리고 이를 위해 조약의 개정을 요구했습니다만 당연하게도 이러한 요구는 거부되었습니다. 그러나 서구 각국은 제1차 아편전쟁을 통해 청나라의 군사력이 형편없다는 사실을 이미 알고 있었습니다. 전쟁 구실을 찾고 있었던 서구 국가들은 1856년의 애로우(Arrow)호 사건을 핑계로 중국에 대한 전쟁을 다시금 시작했습니다.

애로우호 사건은 영국 선적인 애로우호의 중국인 선원을 청나라의 관료가 체포한 아주 사소한 사건이었습니다. 이를 핑계로 영국은 때마침 광시성(廣西省)에서 선교사가 살해당하는 사건을 겪은 프랑스와 공동출병을 하게 됩니다. 영불 연합군은 광둥성(廣東省)을 점령(1857)하고 이듬해에 톈진으로 진격하였습니다. 당시 태평천국의 난 진압으로 고전하고 있었던 청나라는 결국 톈진조약을 맺게 됩니다.

이 조약은 외국 공사의 베이징 상주와 수시왕래, 선교 자유, 내륙 여행, 양쯔강 개방, 배상금 지불 등을 포함한, 전적으로 청나라에 불리한 불평등한 조약이었습니다. 이 조약의 비준을 둘러싸고서 중국 측과 영·불 양국은 대립, 전투가 재개되었으나 연합군이 북경을 점령하고 청 황제가 피난에 나서기에 이르러 베이징 조약이 맺어졌습니다. 베이징 조약에서는 영국과 프랑스의 요구를 인정하였을 뿐 아니라 이 외에도 중국 노동자의 출국 인정, 주룽반도(九龍半島)의 영국 할양, 배상금 증액 등이 포함되었습니다.

4.3. 유럽의 팽창과 서구적 표준의 확대

15세기 이후 해상팽창으로 세계의 각 지역이 연결되면서 세계는 새로운 구조, 새로운 질서를 모색하는 단계에 있었습니다. 각 지역의 연결이란 지배와 종속, 착취와 약탈의 측면을 내포하고 있었으며, 이는 곧 식민지배와 제국주의로 연결됩니다. 이 시기 이후 서구가 전 지구적 패권을 장악하게 된 것은 역사가 여실히 보여주고 있습니다.

그렇다면 전 세계적인 부와 힘의 균형이 결정적으로 아시아에서 유럽으로 넘어간 시기는 언제일까요? 많은 연구 결과들을 종합하여, 주경철(2009)은 경제적 측면에서 유럽이 아시아를 뛰어넘은 결정적 시점을 18세기 후반이라고 보고 있습니다.[8] 이것이 의미하는 바는 그 이전까지는 부와 권력의 측면에서 아시아가 세계의 중심적 지위를 유지하고 있었다는 것이지요. 사실 인구, 총생산 등의 측면에서 당시 세계의 중심은 중국과 인도였습니다. 그러나 이러한 구조는 유럽의 산업혁명 이후 급격하게 바뀌기 시작합니다. 아편전쟁은 동서양의 힘과 권력이 역전되었다는 사실을 보여주는 적나라한 사건이었습니다.

서구 국가들의 동아시아 진출은 그때까지 따로 존재하고 있었던 두 문명을 하나로 이어주는 첫 번째 세계화였습니다. 그리고 아편전쟁은 따로 존재하고 있었던 두 세계의 문명, 즉 유교 문명과 서구의 근대문명이 충돌한 사건이었습니다. 중국과 영국은 이 양대 문명을 대표하는 국가들이었습니다. 계속 언급하지만, 중국을 중심으로 한 중화질서 속에서 국가 간 관계는 차등적이고 위계질서가 있는 수직적 관계입니다.

중화질서에서는 중국이 중심이 된 화이 사상이 기본적으로 전제되어 있습니다. 따라서 천하의 질서는 중국을 중심으로 한 단원적 질서입니다. 각국의 관계는 상하 위계가 존재하는 차등적인 주종관계로 이루어져 있습니다. 그러나 차등적인 주종관계라고 하여 서구식의 식민모국과 식민지의 관계는 아닙니다. 즉 중화질서 속에서 중국과 주변 국가들 사이가 일방적인 지배와 종속의 관계는 아니라는 것이지요.

이에 반해 근대 이후의 서구에서 나타났던 각국 간 관계는 국가 주권의 원칙에 입각한 대등한 관계였습니다. 그러나 아편전쟁에서 서구가 비서구 국가들에 대해 보여준 행태는 달랐습니다. 각국이 대등하다는 것은 어디까지나 백인 중심의 서구 국가들에 한정된 것이었으며 비서구 국가, 특히 약소국에 대해서는 철저하게 강압적이고 착취적인 태도를 보였습니다.

모든 국가가 형식적 측면에서나마 대등한 관계를 맺게 되는 것은 제2차 세계대전 이후 들어서였습니다. 비서구 국가로서는 유일하게 근대화에 성공한 일본조차 초기의 조약은 모두 불평등한 것이었습니다. 일본은 러일전쟁에서 승리한 이후 비로소 서구 국가들과 대등한 관계를 맺을 수 있었습니다.

5

아편전쟁의 충격과
일본의 근대화

5.1. 아편전쟁의 충격과 막부의 붕괴

아편전쟁에서 청나라가 서구 국가들에 참패했다는 소식은 당시 나가사키의 네덜란드 상인들과 청나라의 선원들을 통해 일본에 전해졌습니다. 서구 국가들의 군사력이 동양에 비해 압도적이었다는 점이 명백하게 드러나면서 일본의 막부(幕府)는 엄청난 충격을 받았습니다. 당시까지 에도 막부는 서구에 대해 강경한 자세를 취하고 있었습니다. 그러나 아편전쟁 이후 에도 막부는 방침을 전환하여 서구 국가들에 대해 유연한 자세를 취하게 됩니다.

막부의 이러한 방침 전환은 이후 일본의 개국으로 이어지게 됩니다. 일본의 개국을 가장 먼저 강요한 국가는 미국(1853)이었습니다. 더 나아가 미국은 미일화친조약(1854), 미일수호통상조약(1858)을 통하여 일본과 가장 먼저 조약을 맺은 국가가 되었습니다. 그러나 미국의 동양에 관한 관심은 중국이었습니다. 즉 일본에 관한 관심은 중국진출을 위한 중간기항지로서의 성격이 강했습니다.

이 시기 미국의 정책은 교역기회의 균등과 영토보존을 강조하는 '자유무역 제국주의'의 성격이 강했습니다.[1] 즉 당시 중국과 일본이 마주쳤던 서구 제국주의 국가들은 독점자본주의 단계라기보다는 산업자본주의 단계로서 자유무역을 위한 개국에 중점을 두었다고 할 수 있습니다. 이 시기 중국과 일본의 산업기반은 서구 국가들에 비해 매우 취약한 상태였습니다. 두 나라 모두 수공업적 기술 수준을 벗어나지 못한 상태였기 때문에 그 기반이 매우 취약했던 것이지요. 지방에 대한 중앙 권력의 통제력 또한 매우 약화된 상황이었습니다.

중국에서는 청조의 오랜 지배, 그리고 일본에서는 막부의 오랜 지배과정에서 관료체제의 비효율성과 중앙정부의 통제 이완 현상이 나타나고 있었습니다. 이런 상황에서 이루어진 시장 자본주의 질서의 침투는 기존의 경제 질서에 커다란 혼돈을 초래하였습니다. 자본주의 시장경제질서의 충격은 당연하게도 경제적 혼란을 가져왔습니다. 엄격한 폐쇄체제에서 개방체제로의 전환이 이루어져 무역이 급증함으로써 전통적 시장체제가 붕괴하고 재래식 유통기구가 파괴되는 양상이 나타났습니다.

대표적인 예로서는 일본의 주요 수출입품인 생사(生絲)와 면직물을 들 수 있습니다. 생사가 생산지에서 개항장 상인들에게 직접 판매되면서 수출이 급격하게 증가하였습니다. 서구 국가로의 수출이 급격히 늘어나면서 제사업, 양잠업은 급속히 발전하였습니다. 반면, 이를 원료로 한 일본 국내의 견직물 공업은 원료를 구하기 어려워 큰 타격을 받았습니다. 값싼 면제품의 수입으로 일본 농민의 대표적인 상품인 면화와 면제품을 재배, 생산하고 있었던 농가는 몰락의 길을 걷게 되었습니다.

경제적 혼란은 곧 사회적, 정치적 불안을 불러일으켰습니다. 각지에서 농민반란과 도시 소요가 빈번하게 나타나게 됩니다. 그리고 이러한 정치적, 사회적 혼란은 기존 질서, 즉 중국의 청나라 황실과 일본의 막부에 대한 도전으로 나타났던 것입니다. 대내외의 도전에 직면하여 중국은 계속된 혼란으로 서구의 제국주의 침략에 제대로 대응을 하지 못하여 반(半)식민지 상태로 전락하게 됩니다. 반면, 일본은 존왕양이(尊王攘夷), 개국도막(開國倒幕)을 내건 반막부 세력이 막부를 무너뜨리고 본격적인 개혁에 나서면서 근대화에 성공하게 됩니다.

5.2. 일본의 관심: 군사기술과 증기기관

일본의 지배층이 서구의 근대과학에 주목하기 시작한 것은 에도 말기부터였습니다. 소수의 의사와 무사들의 개인적 관심으로 시작되었던 것입니다. 소수 지배층의 취미와 호기심으로 시작된 서구 과학과 기술이 일본에 본격적으로 수용되기 시작한 것은 아편전쟁 이후부터였습니다. 청나라가 근대식 무기를 갖춘 영국에 패한 이후부터 서구의 과학과 기술에 관한 관심이 급속도로 높아지게 된 것이지요. 즉 서구의 과학과 기술이 '의사들의 난학(蘭学)'이 아닌 '무사들의 양학(洋学)'으로 본격적으로 수용되기 시작한 것입니다.

당시 강대국으로 여겨졌던 청나라가 영국 군대에 일방적으로 패배하자 일본 지배층은 한편으로는, 서구 군사력의 우월성에 깊은 인상을 받으면서도, 또 다른 한편으로는, 엄청난 위기감에 휩싸이게 됩니다.[2] 이러한 위기감은 막부뿐 아니라 각 번(藩)으로도 확산하였습니다. 각 번이 대포를 만들기 위해 나섰으며 막부 또한 이를 허용했습니다. 즉 근대 일본에서 서구의 과학기술은 초기에는 일부 식자층 또는 다이묘나 부유한 상인층의 관심 또는 취미로 여겨졌으나 군사기술 측면에서 주목을 받기 시작하면서 급속히 확산하였던 것입니다.

이런 측면에서 '의사의 난학'이 '무사의 난학'으로 대체되었다는 말은 '병학(兵学)'으로 대치해도 무방할 것입니다. 즉 서구 학문에 대한 학습목적은 어디까지나 기술, 특히 군사기술에 있었고 과학은 기술 습득에 필요한 범위 내에서 학습했던 것입니다. 예를 들어, 당시 해군 전습소(傳習所)[3]에서 가르쳤던 수학과 물리학은 수학과 물리학 자체를 중시해서가 아니라 조선 기술과 항해술 습득을 위한 것이었습니다. 일본은 근대 서구 문명의 우월성을 사회사상과 정치사상이 아닌 과학을 통해 인식했습니다. 그 과학은 강력한 대포를 장착하고서 증기로 움직이는 군함과 같은 군사기술로 구체화되었던 것입니다.[4]

군사기술 못지않게 일본에 충격을 준 것은 증기기관으로 상징되는 동력원이었습니다. 18세기에서 19세기 중기에 걸쳐 구미에서 발생한 증기기관의 발명은 인류 역사상 엄청난 변화를 가져온 사건이라 할 수 있습니다. 이제 인류는 수력과 풍력이라는 지리적 제약, 인력(人力)과 축력(畜力)이라는 생물적 한계를 뛰어넘어 원료와 노동력의 조달이 편리한 위치에서 대규모 농장을 짓고 대량생산을 할 수 있게 되었습니다. 증기기관은 당시 일본에서 사용하던 인력, 축력, 풍력과는 완전 다른 에너지였습니다. 실제로 페리가 2차 내항 때 막부에 헌상한 증기기관차 모형과 유선 전신 장치는 막부의 고위 관료들에게 충격을 던졌습니다.

5.3. 메이지 유신과 일본 자본주의의 확립

메이지 신정부는 수립되자마자 신분제 폐지, 판적봉환(版籍奉還), 폐번치현(廢藩置縣)과 같은 각종 제도개혁을 실시했습니다. 이전의 봉건체제를 타파하고 강력한 군주가 중심이 되는 천황제 권력 구조를 정착시키려고 한 것입니다. 경제적으로도 회사 제도의 도입, 화폐제도의 정비 등과 같은 제도개혁을 통해 근대적인 자본주의 국가를 만들기 위해 노력했습니다.

그러나 일본의 경우 서구 국가들과는 달리 경제적 지배계급, 즉 부르주아 계급이 성장하지 못하였기 때문에 국가가 나서서 자본주의화를 추진할 수밖에 없었습니다. 이 결과 절대적인 권력을 가진 천황제가 공고하게 구축되었습니다. 그리고 이 체제를 유지하기 위한 강력한 군사력이 필요했던 것입니다. 막부를 무너뜨리고 등장한 메이지 신정부는 '식산흥업(殖産興業)·부국강병(富國強兵)'을 내걸고 경제 발전과 군사력 증강을 추진하였습니다.

추진 주체는 공업화를 추진하기 위한 공부성(工部省)과 서구 군사기술 도입을 서둘렀던 병부성(兵部省)이었습니다. 육군성과 해군성의 전신이었던 병부성이 서구 군사기술 도입에 적극적으로 나선 것은 당연한 것이기도 했습니다. 이런 측면에서 일본의 근대화는 산업의 근대화, 공업화인 동시에 군의 근대화, 서구화였다고 할 수 있습니다. 보통 메이지 유신에 의한 일본산업의 근대화는 자본주의 체제의 도입으로 인식되고 있습니다. 그러나 그 중심에는 발달된 서구 무기기술의 도입과 군의 근대화가 있었던 것이지요.

당시 정부가 주도하는 군사공업은 일본 기술을 총체적으로 발전시키는 데 큰 역할을 했습니다. 유신 정부는 막부와 반막부 세력이 설립했던 무기 공장과 조선소를 접수하여 관영 군 공장을 설립하였습니다. 오사카 포병 공장, 도쿄 포병 공장, 해군 조병창(造兵廠), 요코스카 해군 공장입니다.

군 공창(工廠)의 최대 목적은 물론 무기의 자급화였습니다. 특히 군사적 목적으로 시작한 조선업은 메이지 시대 중공업, 기계공업, 화학공업 발전의 커다란 추진력이었습니다. 군과 산업의 근대화가 동시에 위로부터 추진된 것이 일본 자본주의화의 특징이었습니다.[5]

요컨대 일본의 자본주의는 확립 초기부터 정치적으로는 절대권력을 가진 천황제, 경제적으로는 군수공업의 확대라는 두 가지 축으로 출발했던 것입니다. 절대적인 정치 권력, 그리고 군수공업이 중심이 된 경제구조로 인하여 일본의 자본주의는 이후 군사적 침략주의로 나아가게 됩니다. 이는 청일전쟁 이전에 메이지 정부가 초기부터 조선 침략을 대외정책의 기본으로 삼고 있었던 데에서도 명확히 알 수 있습니다. 그리고 이러한 침략전쟁을 뒷받침했던 것이 당시 나타났던 정한론(征韓論)과 탈아론(脫亞論)이었습니다.

5.4. 정한론(征韓論)과 탈아론(脫亞論)

하드웨어적 측면에서의 근대화 노력 못지않게 소프트웨어적 측면에서의 근대화 노력도 이 시기에는 나타났습니다. 대표적인 사상가가 요시다 쇼인(吉田松陰. 1830-1859)과 후쿠자와 유키치(福沢諭吉, 1835-1901)입니다. 요시다는 일본이 독립을 유지하기 위해서는 서양만큼 강해져서 해외 정벌을 해야 한다고 주장하여 정한론(征韓論)을 주장했습니다.

일찍부터 그는, 천황을 받들어서 서양세력을 물리쳐야 한다는 존황양이론(尊皇攘夷論)을 주장함으로써 반(反)막부 세력의 승리에 결정적 기여를 하였습니다. 이러한 그의 주장은 이후 일본의 아시아 침략을 정당화하는 대동아공영권(大東亞共榮圈)의 논리적 근거가 되었습니다. 나아가 천황을 중심으로 한 중앙집권적 지배체제의 확립, 그리고 모든 세상이 천황의 한 핏줄이라는 만세일계(萬世一系) 사상에 토대를 둔 가족국가관(家族國家觀)으로 나아가게 됩니다.

후쿠자와는 동양의 유교주의를 버리고 서양의 문명을 과감하게 받아들일 것을 주장했습니다. 일본이 서양제국과 대등한 독립국이 되기 위해서는 국민이 실학을 몸에 익혀 독립자존의 정신을 기르는 것이 가장 중요하다는 것이지요. 즉 국민들이 전근대적이고 봉건적인 사고에서 벗어날 것을 주장한 것입니다.

초기의 이러한 사상은 후기 들어서는 미개한 이웃, 즉 조선, 중국과의 단절을 주장하는 탈아론(脫亞論)으로 나아갑니다. 그리고 청일전쟁에서는 정부에의 협력을 주장하는 국권론(國權論)으로 나타나게 되지요. 유교정신으로부터의 탈피, 모든 국민에 대한 의무교육 등을 주장한 그의 사상은 이후 일본 국민들의 정신개조에 크게 영향을 미치게 됩니다.

요시다와 후쿠자와는 이러한 주장을 개인적 수준에서 그치는 것이 아니라 일본 사회 전반에 확산시키기 위해 노력했습니다. 요시다는 그의 사상을 제자들에게 가르치기 시작하여 이후 유신 정부의 지도자가 되는 많은 제자를 배출하였습니다. 근대 일본의 토대를 구축한 야마가타 아리토모와 이토 히로부미 등이 대표적 인물입니다.

후쿠자와 또한 학교를 설립하는가 하면 언론을 통해 그의 주장을 활발히 확산시켰습니다. 오늘날 후쿠자와는 정신, 사상적 측면에서 일본 사회의 근대화에 크게 기여한 것으로 평가받고 있습니다. 즉 그는 교육과 계몽을 강조함으로써 국가의식이 없었던 막말(幕末) 시기의 일반 민중을 국민으로 만드는 데 크게 기여했던 것입니다. 사실 일본의 근대화 과정에서 나타났던 자유민권운동, 국가주의운동은 모두 그의 사상적 토대 위에 있다고 할 수 있습니다.

이러한 배경에서 나타난 것이 정한론입니다. 도요토미의 조선 침략이 실패한 이후 도쿠가와 막부는 조선과의 협력에 노력하여 조선통신사 교류가 이루어지는 등 한때 선린관계가 지속되기도 하였습니다. 그러나 도쿠가와 막부 중엽 이후, 유학자와 국학자 사이에서 조선 멸시 경향이 강해지면서 막말(幕末) 들어서는 메이지 신정부 지도자들에게로 이어지게 됩니다.

이들은 막부 말기의 정한론을 사상적으로 받아들이는 한편, 메이지 신정권의 안정을 위해 이를 이용하고자 합니다. 당시 신정부는 구미 국가들의 압박으로 불안한 상황이 계속되고 있었습니다. 나아가 막부 타도와 신정권 수립에 기여한 사족(士族)들의 불만 또한 높았습니다. 이들의 불만을 외부로 돌리면서 신정부의 안정과 개혁을 위해 조선으로의 침략을 이용하고자 하였던 것입니다.

메이지 신정부는 수립 후 조선과의 수교를 요구하였으나 당시 조선은 엄격한 쇄국정책을 취하고 있었기 때문에 교섭을 거절하였습니다. 이에 정한론을 주장하는 사이고(西鄕隆盛) 등은 스스로가 사절이 되어 사태를 해결하겠다는 주장을 합니다. 마침 정한론에 반대하고 있었던 이와쿠라(岩倉具視), 오오쿠보(大久保利通) 등은 서구 시찰을 위해 나가 있는 상태였습니다. 1873년의 일입니다. 그러나 사절단이 귀국하여 정한론에 반대함으로써 사이고 등은 신정부를 떠나게 됩니다.

그러나 당시 조선 정벌을 반대했던 세력도 조선 침략을 근본적으로 반대한 것은 아니었습니다. 즉 우선 일본의 내부를 안정시키는 것이 우선이며 조선 정벌은 시기적으로 다음의 문제라는 것입니다.[6] 이는 정한론 사건이 일어난 불과 2년 후 일본 군함을 파견하여 강화도 사건(1875년)을 일으킨 것에서도 알 수 있습니다. 서구 열강들이 일본에 불평등조약을 강요한 것과 같이 불평등조약(1876년)을 자기들 의사대로 일방적으로 강요한 것이지요.

산업화와 군사력 증강에 중점을 둔 일본의 근대화는 막부의 붕괴와 신정부의 등장으로 신속하고도 강력하게 추진될 수 있었습니다. 물론 막부가 붕괴하고 신정부가 수립되었다고는 하지만 모든 세력이 신정부에 협조적이었던 것은 아닙니다. 특히 신정부가 사쓰마와 조슈 출신 인사들을 중심으로 전제(專制)정치적 모습을 보이자 이에 반대하는 정치 운동이 활발하게 전개되었습니다.

이러한 운동은 시기에 따라 언론자유를 주장하는가 하면 국회개설을 요구하는 운동으로도 나타났습니다. 1880년대 들어서는 농민들의 과격한 운동으로도 전개되었습니다. 이러한 운동을 통틀어 자유 민권운동이라고 합니다. 메이지 신정부가 추진했던 국가를 중심에 두었던 국권(國權)에 비해 국민의 권리를 강조하는 민권(民權)의 입장에 서 있었다는 것이지요. 메이지 신정부는 헌법제정과 국회개설 등을 통해 이러한 반대 운동들을 체제 내로 흡수, 체제를 안정시키면서 부국강병(富國强兵)을 추진해 나갈 수 있었습니다.

5.5. 중국과 일본의 엇갈린 길

일본은 서구의 침략에 대해 문호를 개방하고 새로운 정부를 수립하여 근대화 움직임을 비교적 성공적으로 추진하였습니다. 이 과정에서 일본은 황실을 중심으로 국민적 아이덴티티를 구축하는 데 힘을 기울였습니다. 이를 위해서 여러 가지 황실 패전트(pageant)가 고안되었습니다.[7] 이와 동시에 전쟁을 통해 국민을 동원하고 자원을 추출하는 데 성공했습니다.

메이지 유신 이후 일본은 거의 10년 단위로 전쟁을 수행했습니다. 그리고 전쟁을 통해 국민들에게 자긍심을 불어넣는 데 성공했을 뿐 아니라 경제적 이익도 얻어낼 수 있었습니다. 유럽에서는 종교개혁과 전쟁을 통해 근대국가가 건설되었다면, 일본에서는 신도(神道)와 전쟁을 통해 근대국가가 건설되었던 것입니다.

그렇다면 중국은 서구의 침략에 어떻게 대응했을까요? 중국에서도 아편전쟁 이후 중국을 근대화시키고자 하는 움직임은 있었습니다. 그러나 이후의 역사가 말해주듯이 근대화를 위한 중국의 노력은 모두 실패로 끝났습니다. 양무운동(洋務運動)에서는 중체서용(中體西用)을 내세우며 관료들과 개혁적 지식인들이 군사력 중심의 근대화에 나서지만, 청불전쟁, 청일전쟁에서 패배함으로써 실패로 끝나고 말았습니다.

이후 일본의 메이지유신을 모델로 추진하고자 하였던 무술변법운동(戊戌變法運動) 또한 보수세력의 반발로 실패하고 맙니다. 이에 중국의 근대화 노력은 좌절되어 서구세력의 반(半) 식민상태에 빠지게 됩니다. 조선 또한 갑신정변, 갑오개혁 등과 같은 개혁적 조치를 했지만 모두 실패함으로써 일본의 식민지로 전락하게 됩니다.

중국과 일본이 똑같이 서구국가들의 개방요구에 맞닥뜨렸으면서도 왜 상이한 역사적 경로를 보이는가? 왜 중국은 근대화 노력이 실패하여 결국 사회주의 국가가 수립되었는가? 어떻게 일본은 근대화에 성공하여 결국 제국주의 국가로 나아갈 수 있었는가? 사실 이는 동아시아에만 국한된 의문은 아닙니다.

근대화 과정에서 세계 각국은 대체적으로 세 가지의 길을 걸었습니다. 영국과 프랑스는 민주주의, 독일과 일본은 나치즘과 군국주의와 같은 전체주의 체제, 그리고 러시아와 중국은 사회주의 혁명을 거쳐 결국 공산체제가 수립되었습니다. 이러한 의문, 즉 근대로의 정치질서변화 또는 경로를 분석하는 데 있어서 가장 대표적인 연구가 비교역사적 분석(comparative historical analysis)입니다.

이 연구의 선구인 무어(B. Moore)는 각국의 근대화 경로에서 계급관계의 변화에 주목합니다.[8] 그는 근대화 과정에서 전통사회의 주요 계급인 지주와 농민, 그리고 새롭게 부상하는 계급인 자본가와 노동자계급 사이의 권력 변화가 어떻게 전개되는지에 초점을 맞추어서 분석합니다. 다소 단순화시킨다면, 부르죠가 세력이 강한 국가의 경우 민주주의의 경로를 걷습니다.

그러나 부르죠아 세력이 허약하여 독자적인 세력을 갖지 못한 국가의 경우 파시즘이나 공산주의로 나아가게 됩니다. 이를 결정짓는 것은 허약한 부르죠아가 어떤 계급과 연합하는가입니다. 부르죠아가 전통적인 토지귀족과 연대함으로써 농민, 노동자 계급과 적대적인 전선이 형성될 경우 파시즘이 대두합니다. 이와는 다르게 부르죠아가 노동자, 농민과 연대하여 전통적인 토지 귀족세력과 대립할 경우 공산주의 혁명이 전개됩니다. 전자의 대표적인 국가가 일본이라면, 후자의 대표적인 국가는 중국입니다.

근대적 정치질서로의 변화를 설명하는 변수로서, 무어가 국내 계급의 역동성에 분석의 초점을 맞추었다면, 다우닝(Brian M. Downing)과 글리트(Jan Glete)는 전쟁이라는 국제적 요인, 그리고 그러한 환경에서 국가가 취하는 자율적 역할에 주목하고 있습니다.[9] 이들은 근대 초기의 유럽국가들이 입헌주의로 나아가는가, 독재로 나아가는가를 결정하는 변수로서 전쟁과 이에 대응하는 국가조직의 움직임을 중요한 요소로 파악했습니다. 즉 대외적인 전쟁과 이에 대응하는 대내적인 자원동원체제가 중요하다는 것이지요.

이들은 유럽 국가들에 대한 분석을 통해, 전쟁이 계속되면서 그 강도가 강했던 프러시아의 경우 권위주의 체제로 발전하기 쉬운 환경이었다고 주장하고 있습니다. 반면, 전쟁의 강도가 약했던 영국은 상대적으로 입헌주의 수립에 유리했다는 것입니다.[10] 이들의 분석은 물론 일본을 대상으로 한 것은 아닙니다. 그럼에도 불구하고 이러한 분석은 시사하는 바가 큽니다. 왜냐하면 서구 제국주의에 대한 중국과 일본의 대응은 청일전쟁을 계기로 극명하게 갈리게 되기 때문입니다.

청일전쟁에서의 패배는 중국에 있어서 단순하게 근대화 운동의 좌절을 의미하는 것은 아니었습니다. 같은 동아시아 국가인 일본에 패배함으로써 중국은 아편전쟁에서의 패배보다 더한 충격에 빠지게 됩니다. 영토가 분할되는 상황에 직면하면서 거의 반(半)식민상태에 들어서게 됩니다.

반면 일본은 삼국간섭으로 랴오둥반도를 획득하는 데에는 실패했지만, 대만을 식민지로 확보함으로써 아시아에서 제일 먼저 제국주의 국가에 다가서게 됩니다. 청나라로부터 받아낸 배상금으로 군비 확장에 박차를 가할 수 있었을 뿐 아니라 국제적 지위 또한 크게 향상되었습니다. 전쟁 후 일본은 영국과 동맹을 맺어 대륙진출을 위한 발판을 마련하게 됩니다.

정리하겠습니다. 일본은 근대화에 성공한 반면, 조선과 청나라는 몇 번의 개혁 노력에도 불구하고 성공하지 못했습니다. 그 결과는 이 지역 3국 간 힘의 변화로 나타났습니다. 이제 청나라는 더 이상 과거와 같은 강대국도 아니었으며, 이 지역의 중심국가도 아니었습니다. 동북아 3개 국가 사이에서 힘의 변화(power shift)가 나타난 것이지요. 이는 조선전쟁, 청일전쟁으로 구체화되어 나타났습니다.

조선전쟁, 청일전쟁과 중화질서의 붕괴

6.1. 조선을 둘러싼 청나라와 일본의 갈등

메이지 유신 이후 아시아에 대한 일본 외교의 중심은 조선이었습니다. 일본 정부는 조선이 열강, 특히 러시아의 세력권에 들어가게 되면 일본의 국가적 독립도 위험해질 것이라고 보았습니다. 따라서 그 이전에 조선을 일본의 세력 아래에 두고자 하였습니다. 정한론, 그리고 그 첫걸음으로서의 강화도조약(日朝修好條規) 체결도 이것의 일환이었습니다. 그러나 이러한 일본의 대조선 정책은 조선에 대한 종주권을 행사하고자 하는 청국과의 대립을 심화시키는 결과로 나타났습니다. 청일전쟁의 배경에는 이처럼 조선을 둘러싼 청나라와 일본의 정치적, 군사적 대립이 있었습니다.

아편전쟁 이후 중화질서적 의미에서의 조공국, 즉 주변 속국들에 대한 중국의 지위는 점차 붕괴하였습니다. 베트남을 둘러싼 프랑스와의 전쟁, 그리고 미얀마를 둘러싼 영국과의 갈등으로 1885년에는 베트남과 미얀마, 1893년에는 라오스에 대한 중국의 영향력은 사라졌습니다. 중국은 이미 과거의 '중화(中華)'가 아니었습니다. 이제 남은 것은 조선, 한 곳뿐이었습니다. 중화질서의 붕괴에 대한 중국의 마지막 저항이 조선에 대한 지배권으로 나타났던 것입니다.

때마침 조선에서는 정치세력 간 권력투쟁이 벌어지고 있었습니다. 왕비(명성황후)를 앞세운 민 씨 세력과 대원군의 권력투쟁이었습니다. 이러한 권력투쟁으로 인하여 일본이 조선 내정에 개입할 수 있는 여지가 생겼습니다. 조선 국내의 정치과정에 다른 나라가 개입하는 이러한 양상은 이전에는 볼 수 없었던 모습이었습니다.

중화질서에서의 국가 간 관계는 아무리 상하관계라고 하더라도 외교권과 내정권에 간섭하는 경우는 거의 없었습니다. 즉 서구열강들이 지배한 식민지와는 다르게 중화질서 속에서의 조공국은 광범위한 자치권을 인정받고 있었던 것이지요.[1] 그러나 아편전쟁 이후 중화질서가 붕괴하고 서구식의 국제질서가 이를 대체하는 와중에 청나라는 이 질서의 마지막 조각인 조선에 대한 집착을 보였습니다. 이것을 일본은 이용한 것이지요.

조선을 둘러싼 청나라와 일본의 갈등은 조선 내부 정치세력의 갈등과 얽혀 결국 전쟁으로 비화하게 됩니다. 명성황후와 대원군으로 대표되는 정치세력 간의 갈등이 양국의 충돌을 초래하게 된 것이지요. 신식 군인들에 비해 차별적인 대우를 받는 것에 대한 불만으로 구식 군인들이 임오년(1882년)에 일으킨 폭동(임오군란), 일본식의 근대화를 목표로 갑신년(1884년)에 개화파가 일으킨 쿠데타(갑신정변)는 조선 내부의 정치세력들이 청나라 군대와 일본 군대를 끌어들인 사건이었습니다. 이러한 일련의 사건들로 인하여 조선은 청나라와 일본세력의 각축장으로 변하게 됩니다.

조선 침략을 위한 일본의 준비는 근대적인 질서에 무지했던 조선에 조약을 강요하는 형태로 나타났습니다. 갑신정변 이후 일본은 조선과는 한성조약을 체결하고 청나라와는 톈진조약을 맺게 됩니다. 한성조약에서는 조선의 사죄와 배상금 지불을 요구하는가 하면, 텐진조약에서는 청나라와 일본의 양국 군대가 출병할 때 상호통보할 것 등이 결정되었습니다.

당시의 조선은 근대질서에 무지했습니다. 화이질서의 잔재도 여전히 남아 있는 상태였습니다. 근대질서에 무지했으므로 일본의 요구를 무비판적으로 받아들이는 한편, 청나라에 의존함으로써 문제를 해결하려 했던 것이지요. 갑신정변 이후 조선에서 청나라의 영향력은 크게 강화되었습니다. 반면 일본의 영향력은 대폭 후퇴했습니다.

이에 일본 정부는 조선에서 청나라의 영향력을 제거하기 위한 움직임을 본격화하게 됩니다.[2] 사실 일본 정부는 이미 1880년대 전반부터 청나라와의 충돌에 대비하여 대외전쟁을 위한 군사적 준비와 군비 확장을 차근차근 진행하고 있었습니다.[3] 1878년 전체 지출예산의 약 15%였던 군사비는 1892년에는 약 31%를 점하고 있었습니다. 요컨대 일본은 이미 청나라와의 전쟁을 위한 준비를 모두 갖추고 있었던 것입니다.

6.2. 조선전쟁의 시작

1894년 5월 조선에서 동학당이 중심이 된 대규모 농민봉기가 발발했습니다. 조선 정부는 봉기의 진압을 위해 청나라에 파병을 요청하였으며, 이에 응하여 6월 청나라는 군대를 파병하였습니다. 이에 대항하여 일본도 텐진조약에 따라 곧바로 출병하게 됩니다. 이때 파견된 일본군은 바로 서울 용산에 들어감으로써 6월 말에는 8천에 달하는 병력이 서울에 주둔하게 되었습니다.

이 병력을 배경으로 일본은 조선 정부에 내정개혁, 청·한의 종속 관계

청산 등을 요구합니다.[4] 이에 대해 조선 정부는 "…우리나라의 내치와 외교가 자주라는 점은 청국도 알고 있다.… 청군은 우리의 요청에 따라 내원했고,… 아직 물러나지 않은 것 또한 귀국의 병사들이 지금도 여전히 주둔하고 있는 것과 같다.…"라는 취지의 회답을 보내옵니다. 이를 일본은 거부로 간주, 7/23일 오전 0시 30분을 기해 부대에 출동명령을 내리게 됩니다.

일본군은 서대문, 남대문, 광화문 등 각 방면에서 경복궁을 향합니다. 이 과정에서 조선병들과의 교전도 벌어지게 됩니다. 조선병의 무장을 해제하고 궁전을 일본군이 장악한 것은 오전 9시 무렵이었습니다. 국왕과 왕비도 일본군이 확보했습니다. 이후 조선 정부는 형식적으로는 존재하고 있었으나 사실상 일본의 꼭두각시에 불과한 상태였습니다. 일본은 이 정권을 통해 조선에 있는 청나라 군대의 추방을 강요하게 됩니다. 이 시점부터 조선전쟁은 청일전쟁으로 발전해 갑니다.

조선 왕궁에 대한 일본군의 공격에 대해 일본의 일부 학자들은 '일·조전쟁' 또는 '7월 23일 전쟁'이라고 일컫고 있습니다. 와다 하루키는 이 전쟁을 '조선을 노린 전쟁' '조선에서의 전쟁'이라는 의미에서 '조선전쟁'의 시작이라고 명명하고 있습니다.[5] 즉 청일전쟁은 사실상 일본이 조선 조정을 장악하여 청나라 군대의 철수를 강요함으로써 시작되게 됩니다. 통상적으로 청일전쟁이라 부르는 전쟁은 바로 이때 시작되었습니다. 즉 조선과의 전쟁 직후 청일전쟁이 시작된 것이지요.

6.3. 청일전쟁과 일본의 대외침략

당시 중국의 조선 문제 책임자였던 리훙장(李鴻章, 1823-1901)은 일본의 군비 확장과 실태를 알고 있었습니다. 따라서 일본과의 전쟁을 가능한 피하고자 하였습니다.[6] 그럼에도 불구하고 7월 풍도(豊島) 앞바다의 해전으로 청일전쟁은 시작되었습니다. 이 전쟁은 증기선 함대들 사이에 벌어진 해전으로서는 역사상 처음으로 발발한 최초의 근대적 해전이었습니다.[7]

일본이 전쟁을 결의하게 된 배경에는 일본에 대한 영국의 우호적인 태도도 있었습니다. 즉 청일전쟁 직전 일본은 과거 영국과 불평등하게 맺었던 영일수호통상조약(1858년)의 개정에 성공하게 됩니다. 개정된 영일통상항해조약(日英通商航海条約)에서 일본은 영사재판권을 폐지하고 관세자주권 일부를 회복하는 등 메이지 유신 이래 최대의 난제였던 조약개정에 성공하게 됩니다.

영국이 일본의 조약개정요구를 수락한 것은 러시아를 견제하기 위해서였습니다. 일본은 영국과의 조약개정을 계기로 미국과 다른 유럽 국가들과 맺었던 불평등조약도 개정하는 데 성공했습니다. 이러한 조약의 개정으로 일본의 국제적 지위는 크게 향상되었습니다. 일본 지도부는 이 조약개정과정에서 나타난 영국의 호의적 태도로 보아 청일전쟁에서 영국의 지원을 기대할 수 있을 것으로 판단했던 것입니다.

청일전쟁을 계기로 당시 일본 국내에서 대립하며 항쟁해 오던 정부와 각 정당은 일치하여 협력하는 자세를 보였습니다. 거액의 군사예산을 만장일치로 가결하는 등 청나라와의 전쟁을 수행하기 위한 국론통일의 움직임이 나타났던 것이지요. 메이지 유신 이후 일본은 군사력 증강에 힘써 우수한 무기를 갖추고 있었을 뿐 아니라 군대 또한 잘 훈련되고 근대적으로 조직되어 있었습니다.

반면 청나라는 당시 추진되고 있었던 근대화운동(洋務運動)을 둘러싸고서 국내의 대립이 극심했습니다. 군대의 장비 또한 일본에 비해 뒤떨어졌을 뿐 아니라 무기체계도 통일되어 있지 않았습니다. 따라서 전쟁은 일본의 압도적인 우세로 진행되었습니다. 전쟁이 시작된 후 불과 2개월도 지나지 않아 일본군은 청나라 군대를 조선에서 제압했습니다. 뒤이어 일본은 랴오둥반도와 산둥반도 등도 점령했습니다. 전쟁은 불과 8개월 만에 일본의 승리로 끝났습니다.

1895년 4월, 이토 히로부미(伊藤博文) 총리와 무쓰 무네미쓰(陸奥宗光) 외무상이 전권이 되어 청나라 전권인 리훙장과의 사이에 강화조약이 조인되었습니다. 이것이 시모노세키 조약입니다. 이 조약으로 청나라는 ① 조선의 독립 승인, ② 타이완과 평후제도(澎湖諸島), 랴오둥반도의 할양, ③ 배상금 2억 량의 지불, ④ 청일통상항해조약의 체결과 충칭, 항저우 등의 개방, 조계(租界)에서의 치외법권 승인 등을 약속했습니다.

청일전쟁에서의 승리로 일본은 조선에서 청나라 세력을 몰아내고 대륙 진출의 첫걸음을 내디디게 되었습니다. 배상금 2억 량은 당시 일본의 약 3년 치 예산과 맞먹는 거대한 금액이었습니다. 이 배상금으로 일본은 해군 함선의 건조와 같은 군사력 증강에 박차를 가하는 한편, 초등학교 의무교육을 통한 국민의식의 강화에도 힘을 쏟게 됩니다.

청일전쟁 후 체결된 시모노세키 조약의 내용은, 거의 모든 내용이 조선과 중국에 대한 정치적, 경제적 영향력을 강화하고 이 지역을 시장화하려 한 것이었습니다. 전쟁으로 일본은 조선에 대한 정치적, 경제적 지배권을 확고히 했습니다. 그리고 중국에 대해서도 영토의 할양과 전쟁배상금을 요구하고, 시장지배를 확대하는 등 대륙으로의 정치적, 경제적 침략을 추구했던 것입니다. 물론 랴오둥반도의 할양은 삼국간섭으로 실현되지 못했

습니다. 그러나 타이완을 갖게 됨으로써 일본은 남방으로 진출하기 위한 거점을 확보했습니다.[8]

6.4. 청일전쟁의 파급효과

이 시기, 즉 청일전쟁이 발발할 당시 청나라와 일본은 동아시아의 강국들이었으나 서구적 의미의 근대적인 제국주의 국가는 아니었습니다. 양국 모두 서구 열강들의 침략으로 서구적 외교 관계에 강제로 편입되어 불평등 조약을 강요받았습니다. 따라서 이 지역에는 서구적인 국제질서와 중국을 중심으로 한 화이질서(華夷秩序)가 공존하고 있었습니다. 청일전쟁의 원인이 된 조선을 둘러싼 국제관계를 볼 때도 서로 다른 국제질서관이 착종(錯綜)되어 있는 복잡함을 고려할 필요가 있습니다.

당시까지 '잠자는 사자'로 일컬어지고 있었던 청나라가 주변의 신흥국 일본에 패배하는 허약함을 드러낸 것은 서구질서와 중화질서가 얽혀있는 이 지역의 질서에 커다란 파문을 일으켰습니다. 중국을 중심으로 한 중화질서는 급격히 힘을 상실했습니다. 구미 열강은 일제히 중국에 달려들어 중국분할에 나서면서 자신들의 이권을 챙기기 위해 나섰습니다. 이 중 러시아는 남만주로의 진출을 위하여 일본을 본격적으로 견제하고 나섰습니다.

러시아는 시모노세키 조약이 체결된 후 바로 독일, 프랑스와 함께 랴오둥반도를 청나라에 반환하도록 일본 정부에 압력을 가했습니다. 이것이 소위 삼국간섭입니다. 일본은 이 국가들에 대항할 실력이 되지 않기 때문에 어쩔 수 없이 청나라로부터 3천만 냥(약 5천만 엔)을 받고 랴오둥반도를 반환하게 됩니다. 일본 내에서는 삼국간섭에 대한 분노가 고조되었으며, 일본 정부는 이러한 분위기 속에서 더욱더 군비 확장에 나서게 됩니다.

청일전쟁이 가져온 가장 중요한 점은 이 전쟁으로 동아시아 지역에서 전개되었던 청나라와 일본의 양극 구조가 붕괴한 것입니다. 아편전쟁으로 중국을 중심으로 한 중화체제는 붕괴하였습니다. 이후 청나라는 조선에서의 지배권만은 유지하고자 하였습니다. 그럼에도 불구하고 청일전쟁으로 청나라가 조선에서 갖고 있었던 우월적 지위는 사라졌습니다. 청일전쟁 이후인 1896년에는 조선과 네팔, 그리고 류큐열도와의 관계가 완전히 붕괴하였습니다. 청일전쟁에서 일본이 승리함으로써 중국을 중심으로 한 중화질서는 완전히 붕괴하였습니다.

한편 청일전쟁을 통해 일본의 민중은 근대적 의미의 '국민'으로 탄생했습니다. 일본 국내에서 전쟁은 엄청난 국민적 자부심을 불러일으켰습니다. 전쟁 이전에는 정부와 대립하던 민간 정치인들이 갑자기 전쟁에 적극적으로 협력하기 시작했습니다. 정치나 전쟁과는 관련 없던 평범한 민간인들이 군대를 위해 모금 활동에 나서는가 하면 이를 적극 지지하고 지원하는 양상이 벌어졌습니다.

어떤 이는 전장에서 병사로서 전쟁을 체험했고, 후방에 남은 많은 다수는 다양한 언론매체가 전하는 정보를 통해 전쟁을 간접 체험했습니다. 이러한 체험과 전몰자 추도, 그리고 전쟁 중에 친숙해진 '군인 천황' 상에 대한 숭배를 통해 근대 일본의 '국민'이 형성되어 간 것입니다.[9] 배상금의 많은 부분이 군사력 강화에 쓰였지만, 초등학교 의무교육에도 이 배상금이 돌려진 것은 이러한 이유에서였습니다. 후쿠자와가 주장했던 국가의식과 충성심을 가진 근대적 의미의 국민이 전쟁에 커다란 도움이 되었던 것을 알게 되었던 것이지요. 이런 측면에서 청일전쟁은 동아시아에서 '국민'의 탄생을 알린 전쟁이었습니다.

청일전쟁을 계기로 일본의 민중은 '국민'이 되었습니다. 그러나 청은 여전히 전(前)근대에 머물러 있었습니다. 청일전쟁으로 일본이 획득한 함선 광병호(廣丙號)가 북양함대가 아니라 광둥성 소속이니 반환해달라는 어처구니없는 요구도 있었습니다. 청나라라는 의식보다는 여전히 각 성(省)이 독자적이라는 사고가 남아 있었던 것이지요. 청의 부패와 전(前)근대는 일본의 근대에 대적이 되지 않았습니다. 이런 측면에서 '청일전쟁은 일본과 리훙장 한 사람의 전쟁이었습니다.'[10]

일본 정부는 전쟁과 팽창주의가 국민을 단합시키는 효과가 있다는 교훈을 얻었습니다. 메이지 신정부, 즉 번벌정권(藩閥政權)에 반대하던 세력은 전쟁 승리에 열광했습니다. 일본 정부는 전쟁이 국내에서의 지지를 획득, 강화하기 위한 하나의 방편이 될 수 있다는 것을 알게 되었습니다. 전쟁은 정치적인 면뿐 아니라 경제적인 면에서도 가치가 있는 것으로 입증되었습니다.

강화조약의 대가로 일본은 중국으로부터 막대한 배상금을 받았습니다. 이 배상금의 대부분은 군비로 지출되었습니다.[11] 반면 중국은 배상금을 조달하기 위해 유럽 국가들로부터 차관을 도입하면서 각종 이권을 제공할 수밖에 없었습니다.

청일전쟁 이후 조선의 지배권을 둘러싼 다툼은 러시아와 일본을 중심으로 전개되게 됩니다. 청일전쟁에서 일본이 승리함으로써 지역 질서가 안정되었다기보다는 새로운 대립 축, 즉 러시아와 일본의 대립 관계가 형성되게 된 것입니다. 청일전쟁 덕분에 일본 정부는 예산안에 대해 제국 의회의 전폭적인 지지를 얻을 수 있었습니다.

이런 측면에서 보게 되면, 청일전쟁에서의 일본 승리는 러일전쟁을 예고하는 것이었다고도 할 수 있을 것입니다. 그리고 러일전쟁에서도 일본이 승리함으로써 일본이 서구 제국주의와 대등한 지위를 누리게 된 것은 이후의 역사가 보여주는 바와 같습니다.

7

러일전쟁과 일본의
대륙침략

러일전쟁(1904/2/8-1905/9/5)은 말 그대로 일본과 러시아 사이에 벌어졌던 전쟁입니다. 한반도와 만주를 둘러싼 양국의 경쟁이 전쟁의 주요한 원인이었기 때문에 만주 남부와 랴오둥반도가 주된 전쟁터가 되었습니다. 한반도를 둘러싼 바다에서도 대규모 함대전이 벌어졌습니다. 최종적으로는 미국의 중재 하에 포츠머스 강화조약에 양국이 조인함으로써 전쟁은 끝났습니다. 강화조약에서, 일본은 한반도에서의 우월한 권리, 사할린 남부의 할양, 만주 지역에서의 여러 이권을 차지할 수 있었습니다. 그러나 배상금은 한 푼도 받지 못했습니다.

그러나 러일전쟁에서 가장 주목해야 할 점은 전쟁의 출발이 바로 대한제국에 대한 일본의 일방적인 침략으로 시작되었다는 것입니다. 당시 대한제국은 엄연한 주권국가로서 중립을 선언했습니다. 그럼에도 불구하고 일본은 이를 무시했을 뿐만 아니라 일방적으로 군대를 투입시켰던 것입니다.

7.1. 조선과 만주를 둘러싼 일본과 러시아의 각축

청일전쟁에서 승리한 일본은 조선에 대한 중국의 영향력을 배제하는 데 성공했습니다. 그러나 삼국간섭으로 랴오둥을 반환하게 되면서 일본의 대륙진출은 좌절되고 말았습니다. 반면 러시아는 삼국간섭으로 일본이 청나라에 반환한 뤼순과 다롄을 조차함으로써(1898년) 만주를 자신들의 세력권으로 만들었습니다. 만주 지역을 둘러싼 일본과 러시아의 갈등은 일본의 대륙진출정책과 러시아의 남하 정책이 초래한 결과였습니다. 이 갈등이 해결되기 위해서는 양측이 적절하게 타협을 하든지, 아니면 한쪽이 만주를 포기할 수밖에 없었습니다.

만주 지역에 대한 러시아의 세력확대에 대하여 일본 내에서는 협상이냐, 전쟁이냐는 두 방향에서의 대응방안이 논의되었습니다. 전자는 러일협상론으로, 후자는 영일동맹론으로 나타났습니다. 러시아와의 협상론은 이노우에 가오루(井上馨), 이토 히로부미(伊藤博文) 등 소위 '원로'들이 주장한 안이었습니다. 이는 만주에 대한 러시아의 권리를 일본이 인정하는 대신, 한반도에 대한 일본의 권리를 러시아가 인정하라는 것이었습니다. 이를 만한교환론(滿韓交換論)이라고 합니다. 이에 대해 러시아는 반대입장을 분명히 했습니다. 즉 한반도에 대한 일본의 권리를 인정할 수 없다는 것이었지요.

러시아가 만주에서 철병하지 않을 경우 일본은 어떻게 할 것인가에 대한 대책은 교토에 있는 야마가타의 별장에서 논의가 되었습니다. 이 회의를 무린암회의라고 합니다(1903/4/21).[1] 이 회의에서는, "어떠한 경우에도 한국을 절대로 양보할 수 없다"라는 전제 위에 "개전도 불사한다"라는 합의가 이루어졌습니다. 뒤이어 육군 참모부가 러시아에 대한 개전 방침을 확정(6/17)하였습니다. 그리고 천황이 참석한 어전회의(6/23)에서는 한국에 대한 일본의 지배권을 확립하고 러시아의 만주 장악을 저지한다는

고무라 외상의 대러시아 교섭원칙이 승인되었습니다.[2]

러시아와의 전쟁을 염두에 두고서 일본은 이미 1902년에 영국과 동맹을 맺었습니다. 양국 모두 러시아의 남하 정책을 저지한다는 데 이해가 일치했기 때문이었습니다. 일본은 러시아와 전쟁이 발발하면 영국의 군사적 지원을 받고 싶었으며 이를 동맹내용에 넣고자 했습니다.

그러나 동아시아에서의 전쟁에 연루되기를 꺼린 영국의 태도로 "두 당사국 가운데 어느 한 나라가 2개국과 교전할 때만 유효한 방어동맹"을 맺게 됩니다. 이것으로 일본은 독일과 프랑스가 러시아에 가세하는 것을 막을 수 있었습니다. 왜냐하면, 러시아를 어느 국가가 지원하게 되면 동맹내용에 따라 영국이 군사 개입하게 되기 때문입니다.[3]

영일동맹에 대한 대응방안으로 러시아는 프랑스, 독일의 지지를 얻기 위해 노력했습니다. 그러나 프랑스와 독일을 러시아의 의도대로 끌어들이지는 못했습니다. 프랑스는 영일동맹에 대항하는 구체적인 약속을 하지 않았으며, 독일은 양국 공동성명 채택을 거부했습니다. 그럼에도 불구하고 러시아는 압록강 유역으로 군대를 이동시키는가 하면, 삼림벌채를 구실로 용암포를 점령하는 등 이 지역으로 적극적으로 진출하였습니다.[4] 그리고 인근 지역에 망루와 포대를 건설하면서 일본과의 대립은 더욱 첨예하게 나타났습니다.

1903년 8월부터 1904년 2월에 걸친 약 6개월 동안 양국은 수차례에 걸쳐 한·만 문제에 대한 협상을 벌였습니다, 협상에서 양국은 기존 입장을 고수했습니다. 일본은 러시아의 만주 철병과 만주 중립화, 일본의 한국 독점을 주장했습니다.

이에 대해 러시아는 자국의 만주독점권, 대동강과 원산만 이북 지역의 중립지대 설정과 한국 영토의 군사적 사용 불가 등을 계속 주장하였습니다. 러시아의 제안이 만주에 관한 언급 없이 한국문제에 집중되어 있었던 반면, 일본의 입장은 한국에 대한 지배권은 당연시하면서 러시아의 만주 장악을 저지한다는 것이었습니다.

일본은 시베리아 철도가 완공되기 전에 러시아를 공격하는 것이 유리하다고 판단하여 교섭 이전에 이미 전쟁 준비에 들어가 있었습니다. 반면 러시아는 영일동맹 이후 만주에서 철수했다가 다시 군대를 투입하는 등 정책이 오락가락하였습니다.[5] 이런 측면에서 보면, 일본은 치밀하게 전쟁 준비를 하고 있었던 반면, 러시아는 전쟁 준비체제를 갖추지 못한 채 전쟁에 돌입했음을 알 수 있습니다. 실제로 러시아 측은 전쟁 직전까지도 일본의 선제공격에 의한 개전을 예상하지 못했습니다. 나아가 당시 러시아의 정치인들은 노선상 차이가 있지만, 일본과의 전쟁을 원치 않았던 것으로 나타나고 있습니다.[6]

7.2. 일본의 전쟁 준비

전쟁을 수행하기 위해서는 막대한 물자수입이 불가피하기 때문에 일본은행 부총재 다카하시(高橋是淸)는 외화 조달에 고심했습니다. 왜냐하면, 서구제국들이 일본의 승리 가능성을 낮게 보고 있었기 때문에 전비조달이 여의치 않았기 때문입니다. 개전과 함께 일본이 이미 발행했던 외채는 폭락하였으며, 일본이 계획한 1천만 파운드의 외채발행도 인수하는 사람이 전혀 나타나지 않는 상황이었습니다.

이는 당시 전 세계의 투자자들이 일본의 승리 가능성을 낮게 보고 자금을 회수하기 어렵다고 보았기 때문이었습니다. 특히 프랑스 투자자들의 경우 프랑스가 러시아와 동맹 관계에 있었기 때문에 매우 냉담한 입장이었습니다. 독일계 은행 또한 신중한 입장이었습니다. 그러나 이와 같이 어려운 상황에서도 다카하시는 외채를 빌리는 데 성공하였습니다. 일본의 관세수입을 담보로 한, 불리한 조건이기는 하지만 영국의 은행가들로부터 자금조달에 성공한 것이지요.

이후 일본은 총 6차례에 걸쳐 외채발행을 하여 외자조달에 성공하였습니다. 최초의 어려움에서 벗어나 상황이 나아진 것은 2차 때부터였습니다. 즉 1904년 5월의 압록강 전투에서 일본이 러시아에 압도적으로 승리한 이후부터 외자 조달이 비교적 용이하게 되었던 것이지요. 이 과정에서 다카하시는 런던에 체류 중이던 미국의 독일계 유대인인 제이컵 시프(Jacob Henry Schiff, 1847-1920)의 도움을 많이 받았습니다.

첫 번째 전시 국채인 1천만 파운드의 조달에 어려움을 겪고 있었던 다카하시는 어느 은행가의 만찬에서 시프와 만났습니다. 이 자리에서 시프는 다카하시에게 "일본 병사들의 사기는 얼마나 높은가?"라는 질문을 했다고 합니다. 이에 대한 설명을 들은 후, 시프는 바로 다음날 아침 5백만 파운드를 제공했다고 합니다. 이후 시프는 2억 달러에 달하는 융자를 일본에 제공함으로써 일본의 승리와 제정러시아의 붕괴에 결정적 역할을 하였습니다.[7]

일본은, 1904년부터 1907년에 걸쳐, 6번의 외채발행으로 총 1억 3천만 파운드(약 13억 엔)를 빌렸습니다. 러일전쟁의 총 전쟁비용 18억 2천6백만 엔의 70%에 달하는 금액을 외채로 조달했던 것입니다. 그 규모가 나타내는 바와 같이 러일전쟁은 당시의 일본 경제 규모로는 감당하기 벅찬 전쟁이었습니다. 따라서 일본으로서는 거의 모든 국력을 쏟아부은 전쟁이었습니다.

7.3. 양국의 기본전략과 전쟁의 발발, 전개

일본 측의 기본전략은 다음과 같습니다. 우선 해군이 뤼순에 있는 러시아 태평양함대를 섬멸, 봉쇄합니다. 또 다른 해군은 쓰시마 해협을 장악하여 이 지역의 제해권을 확보합니다. 이후 육군(제1군)이 한반도에 상륙하여 조선에 있는 러시아군을 제압합니다. 또 다른 육군(제2군)은 랴오둥반도에 교두보를 구축하여 뤼순을 고립시킵니다. 그리고 나머지 육군(제3군, 제4군)을 더하여 만주평야에서 러시아군 주력을 조기에 섬멸합니다. 이후 연해주로 진격하여 블라디보스톡까지 공략합니다. 해군의 러시아 태평양 함대 섬멸은 유럽에서 올 것으로 예상하는 발트함대가 도착할 때까지 완료합니다. 이러한 전략을 수행하기 위해 1904년 2월 대본영이 설치되었습니다.[8]

이에 대해 러시아 측의 기본전략은 다음과 같습니다. 육군은 압록강 부근에 군을 집결시켜 북상하는 일본군을 저지합니다. 여기서 일본군의 전진을 막지 못할 경우, 일본군을 유인하면서 순차적으로 하얼빈까지 후퇴, 보급선이 길어진 일본군을 섬멸하는 전략으로 전환합니다. 태평양 함대는 무리하게 결전을 하지 않고 유럽으로부터의 증원을 기다립니다. 그러나 러시아 측은 전쟁 직전까지도 일본의 선제공격에 의한 개전을 예상하지 못했습니다. 당연하게도 전쟁을 위한 준비가 전혀 되어 있지 않은 상황에서 일본의 공격을 받았습니다.

전쟁은 일본 해군이 인천과 뤼순항에 있던 러시아 함선을 공격하면서 시작되었습니다. 이후 황해해전, 뤼순요새 공방전, 만주 지역에서의 대전투(요양회전, 사하회전, 펑톈회전), 동해 해전 등으로 전개되었습니다. 1904년 2월 일본의 기습부터 1905년 7월 사할린 점령까지 약 1년 반 동안 양국은 각각 20만 명 이상의 사상자를 내었습니다. 일본은 전사자 8만 4천과 부상자 14만 3천, 러시아는 전사자 5만과 부상자 22만 명으로 나타나고 있습니다. 이전까지의 전쟁에서는 볼 수 없었던 대규모의 사상자가 발생한 전쟁이었습니다. 그럼 전쟁의 전개과정을 주요한 전투들을 중심으로 살펴보도록 하겠습니다.

1) 전쟁의 발발

전쟁은 1904년 2월 8일, 일본 해군 구축함이 인천항을 벗어나고 있었던 러시아 포함 '코레예츠'에 어뢰를 발사, 기습 공격함으로써 시작되었습니다. 그러나 시작 날짜가 그다지 중요한 의미가 있어 보이지는 않습니다. 왜냐하면, 전쟁 발발 이전에 양국은 오랜 협의 과정을 거쳤으며 이 협의가 단절되면서 일본은 실질적인 전투준비에 들어갔기 때문입니다. 인천과 뤼순에 일본군 연합함대가 이미 잠입해 있었다는 것은 일본이 그 이전에 출격했다는 것을 의미합니다. 실제로 일본의 연합함대가 사세보에서 출격하기 전에 함대 일부는 이미 쓰시마에 이미 진출해 있었을 뿐 아니라 거제도, 진해만을 점령하라는 명령이 내려져 있었습니다.[9]

일본의 연합함대 주력은 뤼순항에 정박 중이던 러시아 함대에 대해서도 공격을 개시했습니다. 그 결과, 뤼순에서는 3척의 러시아 함선이 침몰하였을 뿐 아니라 사망자도 나왔습니다. 러시아 해군은 일본의 공격을 전혀 예상하지 못했습니다. 러시아 함대는 소극적인 대응으로 일관하면서 항구 안으로 피신하였습니다. 이에 일본은 러시아 함정들이 항구 밖으로 나가지 못하도록 봉쇄하는 작전을 펼쳤습니다.

일본 해군은 2월부터 5월까지 세 차례에 걸쳐 항구를 봉쇄하려 하였으나 실패했습니다. 항구 입구에 고선박을 가라앉히는가 하면 기뢰도 부설하였습니다. 4월 1일에는 일본의 연합함대가 부설한 기뢰가 뤼순함대 기함을 격침함으로써 뤼순함대 사령관 마카로프(S.O. Makarov) 중장이 전사했습니다. 러시아 제일의 전략가인 명장의 사망이었습니다. 그러나 5월 15일에는 역으로 일본 해군 전함 두 척이 러시아가 부설한 기뢰에 격침되었습니다.

육지에서는 일본군이 파죽지세로 한국을 점령했습니다. 개전 후 인천과 경성을 바로 점령(2/19)한 일본군은 3월 중순 평양까지 진출했고, 또 다른 사단은 대동강 하류의 진남포에 상륙하여 압록강에 포진하고 있었던 러시아군을 압박하는 태세에 들어갔습니다. 이어 5월 들어서는 일본과의 전면전을 꺼리는 러시아군의 소극적인 저항을 물리치고 압록강을 건너 만주로 진입했습니다. 러시아가 전면적으로 반격에 나서지 못했던 이유는 일본의 전면적인 공격을 예상 못 했을 뿐 아니라 전쟁 준비 또한 부족했기 때문이었습니다.

시베리아 철도는 아직 완공되지 못한 상태였으며 전쟁을 위한 예산 또한 확보되지 않은 상태였습니다. 즉 당시 러시아가 보여주었던 외형적인 강경책과는 다르게 러시아는 일본과의 전쟁을 원하지 않았을 뿐 아니라, 일본이 선제공격하리라고는 전혀 예상하지 못했던 것을 알 수 있습니다. 초기의 해전뿐 아니라 육상전에서의 초기 전투를 보면 이러한 사실은 분명히 알 수 있습니다. 물론 러시아가 일본 해군의 기습적인 공격을 받고 항의의 의미로 선전포고를 하기는 하였지만, 전쟁이 일어난 시점에서 러시아의 전쟁태세는 완전히 수동적이었습니다.[10]

2) 황해해전

뤼순항 봉쇄로 러시아 함대의 움직임은 막았지만, 항구를 계속 지켜야 하는 일본 해군의 기동력 또한 저하되었습니다. 러시아는 랴오둥반도를 청나라로부터 조차할 때(1898년)부터 뤼순항을 태평양함대(뤼순함대)의 근거지로 삼고 있었습니다. 항만을 둘러싼 산과 고지에 요새(뤼순 요새)도 구축하고 있었습니다. 러일전쟁에서 일본이 승리하기 위해서는 일본 본토와 한반도, 그리고 만주를 연결하는 보급로의 안전을 확보하는 것이 가장 중요한 과제였습니다. 이를 위해서는 러시아 뤼순함대를 완전히 무력화시켜 한반도 주변 해역의 제해권을 장악하는 것이 반드시 필요했습니다.

뤼순 요새에 주둔하고 있는 러시아의 육군세력(2개 사단) 또한 일본 만주군의 배후를 위협하는 세력이기 때문에 무력화시킬 필요가 있었습니다. 따라서 전쟁 이전부터 일본의 육·해군은 뤼순에 대한 대응책을 강구하고 있었습니다. 뤼순함대를 완전히 무력화시키는 방법으로는 뤼순 요새의 함락, 대구경 함포에 의한 격침, 뤼순항의 영구봉쇄가 검토되었습니다. 전쟁 발발 이후 해군은 뤼순함대를 무력화시키기 위하여 이런 작전들을 실행했습니다. 그러나 그 어느 작전도 충분히 성공하지 못함으로써 뤼순함대의 전력에 타격을 입히지는 못했습니다.

일본 육군 또한 3월 들어서는, 봉쇄하여 감시하는 것만으로는 불충분하다고 판단했습니다. 이에 지상에서 뤼순 요새를 공략하여 북상하는 일본군 주력의 후방을 든든히 한다는 방침을 정했습니다. 이 와중에 5월 들어 러시아 발트함대의 극동 파견이 발표되었습니다. 이에 일본군은 뤼순항을 완전히 점령할 계획을 세우게 됩니다. 만약 일본군이 뤼순항을 점령하면 이 지역으로 오고 있던 발트함대는 블라디보스톡으로 향할 수밖에 없습니다. 이렇게 되면 보급선이 길어지게 되어 러시아 함대는 타격을 받을 수밖에 없습니다. 이에 일본군은 서둘러서 뤼순항 공략에 적극적으로 나서게 됩니다. 그러나 문제는 뤼순항을 둘러싸고 있는 요새를 해군이 어떻게 할 수 없다는 점이었습니다.

이에 일본 해군은 독자적으로 뤼순함대를 무력화시킨다는 계획을 단념하게 됩니다. 그리고 야마가타(山県有朋) 참모총장에게 정식으로 육군의 협조를 요청합니다. 다른 한편으로는, 뤼순함대에 타격을 주기 위하여 항구 내에 있는 함선에 대한 포격을 개시합니다. 이에 러시아의 뤼순함대는 전력을 보존하기 위해 함대를 블라디보스톡으로 옮기고자 합니다. 8월 10일 뤼순 항구를 벗어나 탈출을 시도하던 뤼순함대를 일본의 연합함대가 포착, 양 함대 사이에 포격전이 벌어집니다. 이것이 황해해전입니다. 황해해전에서 뤼순함대는 이후 출격하기 힘든 정도의 손해를 입고서 뤼순으로 돌아갔습니다. 다른 한편 러시아의 블라디보스톡 함대 또한 6월 출격하여 일본의 수송선을 격침하는 등 활발한 파괴전을 수행합니다. 그러나 8월 14일 울산 앞바다에서 일본 해군 제2함대로부터 큰 타격을 입은 이후 활동을 할 수 없게 되었습니다.

3) 뤼순(旅順)요새 공방전(1904/6-1905/1)

앞서 언급한 바와 같이 일본 해군은 독자적으로 뤼순함대를 무력화시킬 것을 단념하고 육군에 지원을 요청했습니다. 이에 육군은 뤼순 요새 공략을 주 임무로 하는 제3군을 5월에 편성하였습니다. 사령관에는 청일전쟁에서 뤼순 공략에 참여한 경력이 있던 노기(乃木希典) 대장이 임명되었습니다. 6월 20일에는 현지 총사령부로서 만주군 총사령부가 설치되어 대본영으로부터 지휘권이 이양되었습니다. 6월 8일 대련에 도착한 제3군 사령부는 이미 상륙해 있었던 제2군의 제1, 제11사단과 함께 전진, 6월 26일에는 뤼순 외곽까지 진출했습니다.

대본영은 이들에게 뤼순 요새 공략을 서두를 것을 재촉합니다. 그러나 육군은 뤼순 요새를 공략한다는 방침을 늦게 결정했기 때문에 뤼순 요새에 대한 충분한 정보를 갖고 있지 않았습니다. 일본군이 가진 정보는 10년 전 청일전쟁 때 중국군을 상대로 쉽게 뤼순을 점령했던 경험과 정보였으며, 러시아군이 강화한 요새 설비에 대한 사전정보는 거의 없었습니다. 7월 26일 시작된 3일간의 전초전적인 전투는 일본군 2천 8백, 러시아군 1천 5백 명의 사상자를 내고서 끝났습니다.

이 전투를 치르고서 노기 대장은 포병대가 증원되어 오는 것을 기다려 8월 19일을 총공격의 날로 정합니다. 이후 뤼순항과 뤼순 요새를 둘러싸고서 벌어졌던 일본과 러시아의 전투는 이듬해 1월까지 계속되었습니다. 당시 뤼순함대는 작전능력을 상실하여 출격을 포기한 상태였기 때문에 일본 해군의 연합함대에 위협이 되지 못했습니다. 그러나 일본 해군과 육군은 이러한 상황을 모르고 있었습니다. 따라서 발트함대가 오게 되면 일본 해군은 앞뒤로 위협을 받게 될 것으로 생각한 것이지요. 이에 일본은 항구를 둘러싼 요새를 점령하여 뤼순항의 러시아 함대를 완전히 무력화시켜야 한다는 생각을 한 것입니다.

요새에 대한 첫 번째 공격은 제3군이 동원되어 8월 19일 시작되었습니다. 첫 번째 총공격은 8월 24일까지 감행되었습니다. 일본군은 초기 이틀 동안 포 200여 문으로 요새를 포격하였으나 보루에 타격을 거의 입히지 못했습니다. 당시 일본군이 가진 포는 구경 15센티였으나 포탄이 1~2미터 두께의 콘크리트를 뚫고 들어가지 못하고 튕겨 나왔기 때문이었습니다. 더군다나 이러한 포탄조차도 대본영이 충분한 양을 공급하지 않았기 때문에 포격 3일째에는 부족했습니다. 그럼에도 일본군은 돌격을 반복하여 주요한 2개의 보루를 함락시켰습니다. 그러나 24일 포탄이 바닥을 드러내면서 노기는 공격중지를 명령할 수밖에 없었습니다. 결국, 첫 번째 공격은 총병력 5만 가운데 1만 6천의 사상자라는 큰 피해를 보고서 실패로 끝났습니다.

두 번째 총공격은 전반기(9/19-22)와 후반기(10/26-30)로 나뉘어 이루어졌습니다. 9월 1일부터 일본군은 러시아군에 접근하기 위한 참호건설을 시작했습니다. 요새 전면까지 참호를 파고 전진, 그곳에서 포병의 지원사격을 받으면서 공격한다는 것이지요. 이후 19일부터 시작된 전투에서 일본군은 전사 약 9백 여명, 부상 약 3천 9백 여명, 러시아군은 전사 약 6백 명, 부상 약 2천 여명의 피해를 보았습니다. 한편 첫 번째 총공격이 실패로 끝난 후 도쿄만 등의 요새에 배치되어 있었던 대함공격용 포(28센티 유탄포)가 전선에 투입되었습니다. 1~2미터에 이르는 콘크리트 벽을 깨부수기 위해서는 대구경의 포가 필요하다는 대본영 기술자의 연구 결과에 따른 것이었습니다.

9월 24일부터 일본의 각 부대는 공격목표에 대한 참호건설을 재개했습니다. 러시아의 방해를 무릅쓰고서 각 사단의 돌격 진지는 10월 18일에 완료되었습니다. 두 번째 총공격의 후반기 전투는 10월 26일부터 30일까지 벌어졌습니다. 애초 28센티 유탄포의 추가투입이 가능한 27일을 공격날짜로 잡았으나 각종 포의 포탄이 매우 부족했습니다. 즉 돌격 진지는 구축되었음에도 대본영으로부터 포탄 공급이 충분히 이루어지지 못하여 공격준비가 안 되어 있었던 것이지요. 그러나 러시아의 발트함대가 출항했다는 소식에 노기는 포탄이 부족함에도 불구하고 공격을 할 수밖에 없는 상황에 놓였던 것입니다.

후반기 공격에서 일본군은 전사 1천 여명, 부상 약 2천 8백명에 이르는 커다란 피해를 보았습니다. 러시아군도 전사 6백 여명, 부상 약 4천 5백명으로 일본군 못지 않은 손해를 입었습니다. 노기는 각 사단의 갱도 작업이 완료될 때까지 시간이 필요하다고 판단, 총공격을 중지했습니다. 두 번의 공격에서 일본군은 몇몇 고지를 점령하기는 했지만, 전체적으로 작전목적을 달성하지 못함으로써 두 번째 총공격도 실패했습니다.

세 번째 총공격은 11월 26일부터 12월 6일까지 이루어졌습니다. 뤼순요새에 대한 두 번에 걸친 총공격의 실패는 발트함대가 오는 것에 위기감을 느끼고 있던 해군을 크게 실망시켰습니다. 이에 요새 공략보다는 함대섬멸을 위한 거점 확보가 우선이라는 주장이 대두됩니다. 즉 뤼순 함대에 대한 관측사격이 가능한 인근의 다른 고지(203고지)를 공략해야 한다는 의견이 나오게 된 것이지요. 이를 받아들여 노기는 203고지 공격으로 계획을 변경, 12월 5일에 고지를 함락시킵니다.

함락 후 일본 측은 뤼순만 내의 뤼순함대에 포격을 개시, 함정들을 차례차례 침몰시켰습니다. 이후 계속된 전투에서 양측은 치열한 공방전을 계속하였으나 일본군은 중요거점들을 점령하는 데 성공했습니다. 러시아군은 예비병력이 고갈되었을 뿐 아니라 중요한 거점들이 함락당하자 1월 1일 항복하게 됩니다. 이 공격에서 일본군의 피해는 전사 약 5천 여명, 부상 약 1만 2천 여명, 러시아군도 전사 약 5천 4백명, 부상자 1만 2천명에 달했습니다.

1905년 1월 볼셰비키 기관지에서 블라디미르 레닌은, 뤼순의 함락을 "러시아 전제(專制)의 역사적인 파국"이라고 언급했습니다. 뤼순 함락으로 러시아 정부의 위신은 크게 저하되었습니다. 군수산업에 동원되어 노동쟁의를 금지당하고 있었던 상트페테르부르크 시민들의 불만이 터져 나왔습니다. 이 여파로 1월 22일 궁전에 모인 청원 데모대에 대하여 군이 발포하여 다수의 사상자를 낸 피의 일요일 사건이 발생했습니다.

도쿄 일일신문은 사건 이튿날 지면에서 뤼순의 함락이 피의 일요일 사건의 커다란 원인이 되었다고 보도하고 있습니다. 수도에서 발생한 혼란은 총파업과 농민봉기를 러시아 전역으로 확산시킴으로써 혁명으로 발전하게 됩니다. 따라서 뤼순 함락은 전투 자체뿐 아니라 양국 국민의 사기와 의식에도 큰 영향을 미친 사건이었습니다.

4) 만주 지역에서의 대전투

① 랴오양회전(遼陽會戰)

뤼순 요새를 둘러싼 공방전이 양국 사이에 벌어지고 있었던 시기에 랴오양 지역에서도 양국 군대 사이에 대규모 전투가 벌어지고 있었습니다. 랴오양회전(遼陽會戰, 1904/8/24~9/4)입니다. 랴오양은 중국 북동부 랴오닝성의 도시로서 당시 인구 6만의 하얼빈에 뒤이은 남만주의 전략적 거점이었습니다. 평야 지대이면서 뤼순에서 하얼빈에 이르는 동청철도가 달리는 교통의 요충지이기도 했습니다. 이 전투는 1904년 8월 24일부터 9월 4일에 걸쳐 진행되었습니다. 러시아군 15만 8천, 일본군 12만 5천이라는 총 28만의 양군 주력군이 처음으로 대규모로 충돌한 전투였습니다. 러시아와 일본 모두 근대화 이후 최초로 근대식 군대를 상대로 한 대규모 전투였습니다.

전투는 오오야마 원수(大山巖, 1842-1916)가 지휘하는 일본군 약 13만이 랴오양 부근에 포진한 러시아군을 공격하는 형세로 전개되었습니다. 일본군은 러시아군 증원부대가 도착하기 이전에 러시아군을 격파하기 위하여 8월 26일 야습으로 러시아군 전진기지를 탈취, 30일에는 요양을 포위하는 태세로 총공격을 시작했습니다. 러시아군의 사령관 크로포트킨(Alexei Nikolaievich Kuropatkin, 1848-1925) 대장은 퇴로가 차단될 것을 우려하여 전군을 퇴각시킵니다. 일본 측은 병력 소모와 계속된 전투의 피로감으로 더 이상 추격을 하지 않고 요양에 입성하는 데 그쳤습니다.

일본군은 하얼빈 공략이 여의치 않게 되었으므로 기본전략을 변경할 수밖에 없었습니다. 이 전투에서 일본군은 랴오양을 점령하였기 때문에 자신들의 승리라고 하였으나, 크로포트킨 또한 전투에서 패한 것이 아니라 전략적으로 후퇴한 것이라고 주장, 양국군 모두 승리를 선언하는 모양이 되었습니다. 사상자는 일본 측이 2만 3천 5백, 러시아 측이 2만여 명으로 양군이 합쳐 4만 명 이상에 이르렀습니다.

이후 크로포트킨은 만주의 증원군을 받아 수적인 우세를 배경으로 뤼순을 되찾기 위해 공격에 나서게 됩니다. 10월 9일, 펑텐 부근 약 22만의 러시아군이 공격으로 전환, 랴오양 인근을 지키고 있던 약 12만의 일본군과 충돌하게 됩니다. 사하전투(沙河戰鬪, 10/8-10/18)입니다. 이 전투에서 러시아군은 초기의 승리에도 불구하고 일본군의 방어선을 뚫는 데 실패, 양군은 랴오양과 펑톈의 중간 부근인 사하(沙河)에서 대치 상태에 들어가게 됩니다.

② 펑톈회전(奉天會戰, 1905/2/21-3/10)

펑톈회전은 1905년 2월 21일부터 3월 10일에 걸쳐 벌어진 러일전쟁 최후의 육상전입니다. 펑톈(奉天)은 현재 랴오닝성의 선양(瀋陽)입니다. 60만에 이르는 러시아와 일본 양측의 장병들이 18일간에 걸쳐 만주의 황야에서 격렬한 전투를 반복, 세계 역사상 보기 힘든 대규모의 전투가 되었습니다. 참가병력은 일본 육군 24만, 러시아 육군 36만, 일본 측 지휘관은 오오야마였으나 실질적으로는 참모장인 고다마 겐타로(児玉源太郎 1852-1906)가 전투를 이끌었습니다. 러시아 측은 랴오양회전을 이끌었던 알렉세이 크로포트킨이 전투를 수행했습니다. 이 전투는 랴오양회전 이후 양국이 증원된 병력으로 치른 대규모 전투였습니다.

펑톈회전 당시 양국의 상황을 살펴보면 다음과 같습니다. 우선 러시아는 시베리아 철도가 전체적으로 개통되기 위해서는 4년이란 시간이 더 필요했습니다. 크로포트킨을 총사령관으로 하는 러시아군은 1백 만명에게 동원령을 내렸으나, 전투 발발 직전(1월 22일)에 피의 일요일 사건이 발발함으로써 러시아 국내 사정은 혼돈 상황에 빠지게 됩니다. 황제 니콜라이 2세에 대한 국민들의 충성심 또한 과거와는 비교할 수 없을 정도로 약화되었습니다.

한편 일본군은 초기의 전투에서 승리를 거두면서 전쟁의 전체적인 국면에서 우세를 점하고는 있었습니다. 그러나 일본 또한 국력의 한계를 넘어

전쟁을 치르고 있었기 때문에 군에 대한 보급이 어려운 상황이었습니다. 특히 러시아군을 쫓아 만주 깊숙한 곳까지 들어왔기 때문에 병참을 유지하고 병력을 보충하는 데 어려움을 겪기 시작했던 것이지요. 즉 뤼순공방전에서의 격렬한 소모전을 거치면서 양국 모두 전쟁을 계속하기가 어려운 상황에 처했던 것입니다.

1905년 3월, 일본의 만주군 수뇌부는 일본군이 유리할 때 강화를 맺기 위해 도박에 가까운 총력전을 전개합니다. 펑톈에서 증원군을 기다리는 러시아군을 선제공격하기로 한 것입니다. 총사령관 오오야마는 "이 작전은 러일전쟁의 운명을 건 전투(本作戰は、今戰役の関が原とならん)"라고 훈시하여 그 결의를 장병들에게 내보였다고 합니다.

처음에는 전초전의 성격을 띤 산발적인 전투가 일주일(2/21-2/28) 동안 전개되었습니다. 이 전초전에서 전투의 주도권을 장악했다고 판단한 일본군은 3월 1일을 기해 펑톈에 대한 포위 공격을 시작했습니다. 일본군에는 뤼순을 함락시킨 노기 장군 휘하의 제3군도 당연히 참여하고 있었습니다. 전투가 격렬해지면서 일본군과 러시아군 사이의 피해가 커지자 러시아군은 펑톈에서 계획적으로 후퇴를 시작합니다. 물론 일본군의 피해 또한 러시아군 못지않았습니다.

일본군 수뇌부는 러시아군의 맹렬한 반격에도 불구하고 모든 전선에서 총력전과 전진만을 계속 지시했습니다. 따라서 일본군은 적지 않은 피해를 입어 매우 어려운 상황에 처해 있었습니다. 그러나 3월 9일 크로포트킨은 퇴로를 차단당할 것을 염려하여 펑톈으로부터의 철수를 지시하였습니다. 이에 일본군은 3월 10일에 펑톈을 점령했습니다. 철수하는 러시아군을 추격하여 타격을 입히기는 했지만 완전하게 격파하는 데에는 실패했습

니다.[11]

일본 측의 사상자는 약 7만 5천이었으며, 러시아군의 피해 또한 사상자와 포로 약 9만에 이를 만큼 양측 모두 커다란 피해를 보았습니다. 러시아군의 사기는 매우 저하되었습니다. 퇴각하는 과정에서 군대 질서가 무너졌으며, 약탈, 명령 불복종 등 군대 조직이 붕괴할 정도였습니다. 이 전쟁에서의 패배로 크로포트킨은 파면되었습니다.

일본 또한 전쟁에 승리했음에도 불구하고 전력에 많은 타격을 입었습니다. 보급선이 늘어남으로써 물자뿐 아니라 병력보충이 제대로 되지 못해 피해가 매우 커졌습니다. 최후까지 싸웠던 제3군은 병력의 절반 가까이를 잃었음에도 보충 계획조차 세울 수 없는 상황이었습니다.

펑톈을 점령함으로써 전투의 승리는 일본 측이라고 할 수 있었습니다. 그러나 러시아군 또한 일방적인 퇴각이 아니라 '전략적 후퇴'였습니다. 백년 전 나폴레옹 군과의 전투에서 러시아군이 채용했던 전통적인 전법이었습니다. 구미의 언론들에서도 애초 이 후퇴를 '전략적 후퇴'라고 보도했습니다. 그러나 크로포트킨이 파면당함으로써 러시아군 스스로 패배를 인정한 형국이 되어 국제적으로도 러시아의 패배로 인식되게 됩니다.

그러나 러시아 측은 이 전투에서의 패배에도 불구하고 여전히 충분한 병력을 보유하고 있었습니다. 당시 러시아의 육군 병력은 약 2백만 명으로 일본의 10배에 달했습니다. 또한, 인도양에는 발트함대가 극동으로 항해 중이었습니다. 따라서 러시아의 육·해군 모두 여전히 전쟁을 계속 수행할 수 있는 능력을 충분히 갖추고 있었습니다.

그러나 러시아를 둘러싼 당시의 국내외 상황은 그다지 좋은 상황이 아니었습니다. 우선 러시아 국내에서는, 1월에 발발했던 '피의 일요일 사건'

을 계기로 1차 러시아혁명이 발발하는 등 국내 상황이 어수선한 상태였습니다. 러시아 정부는 혁명운동과 소요 진압에 신경 쓰느라 전쟁에 집중할 수 없었습니다. 대외적으로도, 당시 동맹 관계에 있던 독일과 프랑스가 대립하는 등 러시아를 둘러싼 유럽에서의 정세가 그다지 좋은 상황은 아니었습니다. 따라서 지리적으로 먼 극동 지역으로 러시아가 대규모 전력을 보낸다는 것은 거의 불가능한 상황이었습니다.

평톈회전은 양국의 병력이 충돌한 최대의, 그리고 최후의 육상전투였습니다. 러시아의 육군 대신 블라디미르 사하로프는 평톈회전 후 "2개의 군대가 전장에서 만났을 때, 각각 자신의 목표를 가지고 있다. 그 목표를 달성한 측이 승자다. 따라서 유감스럽지만, 우리 러시아군은 패했다"라고 언급하여 러시아군의 패배를 공식적으로 인정했습니다. 니콜라이 2세는 평톈회전에서의 패배를 굴욕적인 것으로 간주, 러시아 만주군 총사령관을 신중파였던 크로포트킨에서 맹장으로 알려져 있었던 리네비치로 바꾸는 인사를 했습니다.

다른 한편, 일본 측은 전투에서 승리했음에도 불구하고 병력과 포탄, 물자가 부족하여 북쪽으로 퇴각하는 러시아군을 추격할 수 없었습니다. 이에 일본군이 겨우 이겼다(辛勝)는 의견도 있습니다. 그럼에도 불구하고 평톈회전에서의 승리로 일본 국내에서는 전쟁을 계속해야 한다는 여론이 비등하고 있었습니다. 대본영은 평톈회전의 승리 후 블라디보스톡으로 진격하여 연해주를 점령한다는 계획을 세우기 시작했습니다. 또한, 4개 사단(제13, 14, 15, 16사단)을 새롭게 편성하여 사할린을 점령함으로써 러시아를 압박했습니다. 눈앞의 승리에 취해 있었던 육군 수뇌부는 전쟁확대를 주장하였습니다.

그러나 현장의 오오야마 원수는 일본이 전쟁을 계속할 형편이 되지 못한다는 것을 알고 있었습니다. 이에 그는 고다마 만주군 총참모장을 도쿄로 급파, 전쟁을 종결시킬 방안을 마련하도록 합니다. 일본이 전쟁을 계속할 능력이 없다는 것을 간파하고 있었던 야마모토(山本権兵衛, 1852-1933) 해군 대신이 고다마의 의견에 찬성함으로써 일본은 강화 준비에 들어가게 됩니다. 일본 측으로부터 러시아와의 강화를 의뢰받은 루스벨트 대통령은 러시아 측에 강화교섭을 제의하였습니다. 그러나 러시아 측은 발트함대가 한반도 근해에 도착하게 되면 상황이 달라질 것이라는 기대에 이를 거부했습니다. 따라서 러일전쟁의 끝을 보기 위해서는 발트함대가 이 지역에 도착하기를 기다려야만 했습니다.

5) 동해해전(쓰시마해전)

1904년 러시아는 블라디보스톡을 모항으로 하는 기존의 태평양함대를 제1 태평양함대로 이름을 바꾸었습니다. 그리고 새로운 함대를 편성하여 '제2 태평양함대'라는 이름을 붙여 극동해역으로 보낸다고 발표하였습니다. 새롭게 편성된 함대에는 발트해에 있는 함선 중 구식 전함을 제외한 거의 모든 함선이 포함되었습니다. 사실상 발트함대가 제2태평양 함대가 된 것이지요. 사령관에는 로제스트벤스키(Z. P. Rozhestvenskij, 1848-1909) 소장(이후 중장으로 승진), 부사령관에는 폴케삼(D. G. Folkersam, 1848-1905) 소장이 임명되었습니다.

당시의 전함은 석탄이 항상 보급되어야 하는 증기선이었습니다. 수병 이외에도 석탄과 무기, 탄약을 가득 실은 대함대가 전시의 편성 상태로 유럽에서 동아시아까지 항해한다는 것은 말 그대로 전대미문의 사건이었습니다. 더구나 당시 일본과 동맹을 맺고 있었던 영국은 해상의 지배권을 장악하고 있었습니다.

발트함대의 항로는 영국이 세계 곳곳에 구축해두고 있었던 식민지 지역을 거쳐야 했습니다. 러시아는 프랑스와 동맹을 맺고 있었기는 하지만 프랑스 또한 영국의 견제로 중립국 이상의 지원을 하기는 어려웠습니다. 원정 도중에 뤼순함대가 괴멸했다는 소식을 접한 러시아는 남은 전함들로 제3 태평양함대를 편성하여 극동 지역으로 보낼 준비를 합니다. 발트 함대가 사실상 제2, 제3의 태평양 함대가 된 것입니다.

① 발트함대의 출항

1904년 10월 15일, 제2 태평양함대는 리바우 군항[12]을 출범하였습니다. 10월 21일 심야에 제2 태평양함대는 북해를 항행 중이던 영국의 어선을 일본의 수뢰정(水雷艇)[13]으로 오인하여 공격하는 사건이 발생합니다. 이후 영국 해군함대는 제2 태평양함대를 계속 뒤따라와 감시함으로써 러시아 함대 장병들을 괴롭힙니다. 11월 3일, 제2 태평양함대는 희망봉을 돌아가는 본대와 수에즈운하를 통과하는 지대(支隊)로 나뉘게 됩니다. 그 이유는 일부 함정이 수에즈운하를 통과할 수 없었기 때문입니다.

애초에 제2 태평양함대는 수에즈운하를 통과할 수 있게 설계된 함선만으로 구성되어 있었습니다. 그러나 실제로는 제조과정의 미숙함과 추가로 자재를 탑재함으로써 중량이 초과해 버렸던 것이지요. 따라서 흘수(喫水)[14]가 당시의 수에즈의 크기를 초과하는 전함이 생겼던 것입니다. 이들 전함은 탄약과 석탄을 내리지 않으면 통과할 수 없었을 뿐 아니라 시간 또한 많이 지체될 수밖에 없었습니다.

지대(支隊)는 흑해에서 온 위장 순양함[15]과 합류, 11월 26일에 수에즈운하를 통과하여 12월 30일에 프랑스령 마다가스카르섬의 노시베(Nosy Be)항에 들어갔습니다. 본대는 12월 19일에 희망봉을 통과, 1905년 1월 9일에 지대와 합류하였습니다. 이곳에서 1월 1일에 뤼순 요새가 함락, 뤼순 함대의 잔존 함정도 사실상 일본의 손에 들어갔다는 소식을 들었습니다. 이에 일본함대에 대한 압도적 우위를 확보한다는 애초 항해의 목적은 달성하기 곤란하게 되었습니다. 원정을 계속할 것인가, 중지할 것인가를 둘러싸고서 본국의 결정을 기다리느라 함대는 이곳에서 당분간 머물게 되었습니다.

러시아 해군 상층부는 본국에 남아 있는 함정으로 제3 태평양함대를 편성하여 일본함대와 포격력을 비슷하게 갖추어서 원정을 계속할 것을 결정했습니다. 제3 태평양함대 편성의 통지, 그리고 제해권 탈환의 명령을 받은 로제스트벤스키는 당시의 전력으로는 제해권을 탈환하기가 불가능하다는 점, 제3 태평양함대는 노후화된 함정이므로 전력 강화에 도움이 되지 않는다는 점, 그리고 블라디보스톡에 들어가 통상파괴에 전념하는 것이 최선이라는 점을 회신하면서 빨리 출항할 것을 주장합니다. 2월 15일에 제3 태평양함대는 리바우를 출항하였습니다. 이 통지를 받은 로제스트벤스키는 병을 핑계 삼아 사직하려 하였으나 받아들여지지 않았습니다. 3월 16일 제2 태평양함대는 노시베를 출항했습니다.

인도양 방면에는 러시아에 우호적인 나라가 적어 장병들의 피로도가 계속 쌓였으며, 물, 식료, 석탄 부족으로 어려움을 겪게 됩니다. 그럼에도 항해를 계속, 4월 5일 말라카해협에 입성하였으며, 4월 14일 프랑스령 인도차이나의 캄란항에 들어가서 제3 태평양함대를 기다립니다. 이때 로제스트벤스키는 본국에 제3 태평양함대를 기다리지 않고 서둘러 블라디보스톡으로 가고 싶다고 타전하였으나 허락을 받지 못했습니다. 제3 태평양함대는 3월 26일 수에즈운하를 통과, 5월 9일에 제2 태평양함대와 합류하였습니다.

② 일본 연합함대의 준비

일본의 연합함대는 이미 1904년 8월 10일 황해해전에서 러시아 태평양함대의 주력인 뤼순함대에 승리하여 황해 지역을 확보하였으며, 8월 14일의 울산 앞바다 해전에서도 블라디보스톡 함대에 승리함으로써 이 지역의 제해권을 확보했습니다. 또한, 뤼순 요새를 함락시키고 러시아의 뤼순함대를 괴멸시킨 후 함정을 도크에 넣어 정비와 훈련에 전념하면서 발트함대와의 일전을 준비했습니다. 일본이 직면한 최대 문제점은 발트함대를 어디에서 포착하여 맞이할 것인가였습니다. 발트함대가 동중국해를 거쳐 블라디보스톡으로 가는 항로로서는 대한해협(쓰시마해협, 対馬海峡), 쓰가루해협(津軽海峡),[16] 소야해협(宗谷海峡)[17]을 경유하는 세 가지 루트가 있었습니다.

만약 세 곳으로 전력을 분산시키면 각개격파 당할 수도 있기 때문에 러시아는 한 곳으로 전력을 집중시킬 수밖에 없었습니다. 발트함대가 소야해협을 통과하기 위해서는 거리가 멀기 때문에 태평양 쪽의 바다에서 석탄을 보급받아야 합니다. 쓰가루해협에는 일본 측의 기뢰가 부설되어 있었기 때문에 매우 위험합니다. 이에 일본 연합함대의 사령관이었던 도고 헤이하치로(東郷平八郎) 대장은 발트함대가 대한해협을 통과할 것으로 예측하여 이곳에 주력함대를 배치함과 함께 주변 해역에 대한 경계망을 구축했습니다. 1905년 2월 21일에는 연합함대 기함 미카사(三笠)가 한반도의 진해만에 입항하여 이곳을 거점으로 연합함대는 대한해협에서 훈련을 거듭했습니다.

③ 동해 해전

23일부터 26일까지 일본의 연합함대는 러시아 함대의 진행 방향에 대한 여러 정보를 접하고 있었으나 대한해협을 통과할 것이라는 확신은 갖지 못했습니다. 그러나 5월 27일 새벽 큐슈 남쪽 해역에서 일본 연합함대의 위장 순양함이 발트함대를 발견하게 됩니다. 그리고 27~28일 양일간에 대한해협을 지난 동해 바다에서 양국 간 함대 사이에 교전(일본해 해전)이 벌어지게 됩니다. 이 전투에서 도고 헤이하찌로가 지휘하는 일본 연합함대는 유럽에서 회항해 온 발트함대를 거의 전멸시키게 됩니다.

이 해전 이후 블라디보스톡에 도착한 러시아 전함은 불과 3척에 불과했습니다. 발트함대의 손실은 침몰 21척[18], 나포 6척이었습니다. 병력 피해는 전사 4천8백3십 명, 포로 6천1백6 명이었으며, 포로 가운데에는 로제스트벤스키(Зиновий Петрович Рожественский, 1848-1909)와 네보가도프(Николай Иванович Небогатов, 1849-1922) 제독이 포함되어 있었습니다. 일본 측 연합함대의 손실은 수뢰정 3척 침몰, 전사 117명, 부상 583명에 불과해 일본 측의 거의 일방적인 승리였습니다. 이 전투(일본해 해전)는 러일전쟁의 승패를 결정짓는 분수령이었다고 할 수 있습니다.

④ 해전의 승패

그러면 왜 이렇게 일방적으로 발트함대가 패배한 것일까요? 몇 가지 요인을 들 수 있습니다. 우선 발트함대의 여정은 3만 3천 킬로에 달하는 장대한 거리, 시간상으로는 1904년 10월 15일부터 1905년 5월 27일까지라는 거의 7개월 이상에 걸친 항해였습니다. 발트함대는 당시 프랑스령이었던 베트남의 캄란만 출항 후 블라디보스톡까지는 기항할 수 있는 항구가 없었습니다. 따라서 러시아의 각 함선은 석탄과 각종 보급물자를 대량 적재하고 있었습니다. 이 때문에 설계상의 배수량을 초과함으로써 함선의 기동력과 복원력이 현저히 떨어졌습니다.

더군다나 발트함대 주력함 가운데에는 완공되지 않은 채로 기술자를 태운 채 출항한 함선도 있었습니다. 당시의 함정은 목조 부분이 많아서 침수보다는 화재로 침몰하거나 전투가 불가능하게 되는 경우가 많았습니다. 이 때문에 일부 특수선을 제외하고는 침수, 화재 때문에 전투할 수 없게 되는 경우가 많았습니다. 병사들의 사기 또한 떨어질 대로 떨어진 상태였습니다. 장기간의 항해로 피곤한 상태가 계속되었을 뿐 아니라 항해 도중에 들려온 국내 소식 또한 병사들의 사기에 큰 영향을 미쳤습니다.

당시 러시아 국내에서는 차르의 압정에 대한 민중의 반대 운동이 격화되고 있었습니다. 1905년 1월에는 당시 수도였던 페테르부르크에서 '피의 일요일 사건'이 발발, 각지에서 스트라이크가 빈발하는 등 정세가 한층 긴박하게 돌아가고 있었습니다. 이와 같은 러시아 국내 사정은 항해 중이던 발트함대에도 전해져 장기간의 항해에 지쳐 있었던 병사들의 사기는 한층 저하되었습니다.

당시 러시아 사회는 철저한 계급사회로서 해군 또한 귀족 출신의 상급사관이 서민 출신의 수병을 지배한다는 구조적 문제점을 안고 있었습니다. 상관과 병사로서의 관계가 아니라 주인과 노예와 같은 관계의 군대였습니다. 이러한 상황에서 들려온 국내 소식, 그리고 혁명운동과 관련된 자유주의 또는 사회주의 사상의 침투로 반전의식이 나타나는 한편 사관과 수병들의 대립, 무능한 상관에 대한 반발도 나타났습니다.

이에 비해 일본의 연합함대를 지휘했던 도고 헤이하찌로(東郷平八郎)는 지휘능력과 통솔능력에서 매우 뛰어났을 뿐 아니라 참모들 또한 조직적이고 유기적으로 의견을 교환하는 등 지휘부가 일사불란한 체제를 갖추고 있었습니다. 뤼순 봉쇄 기간에도 연습을 계속함으로써 수병들의 숙련도가 뒤떨어지지 않도록 노력하고 있었습니다. 더구나 황해해전 등의 전투경험과 승리로 사기가 매우 높았습니다.

이 외에도 주력함대의 주포인 철갑탄 성능을 개량하는가 하면 한반도와 일본 사이에 해저케이블을 부설하기도 하였습니다. 외국기업이 독점하고 있었던 해저케이블을 독자적으로 부설함으로써 기밀유지가 가능해졌을 뿐 아니라 한반도에 정박하고 있었던 해군함대와 도쿄의 대본영 간에 전신 통신이 가능하게 되었습니다. 대본영은 언제라도 연합함대에 이동 명령을 내림으로써 대기하고 있는 전투력을 모두 동해(일본해) 해전에 동원할 수 있었습니다.

외교적인 측면에서 보게 되면 일본은 영일동맹의 혜택을 매우 많이 받았습니다. 우선 러시아의 동맹국 프랑스가 영국의 간섭으로 국외 중립의 입장을 취할 수밖에 없었습니다. 이 때문에 발트함대는 프랑스령 식민지 지역의 항만에서 지원을 받을 수 없었습니다. 반면 일본은 영국으로부터 발트함대에 대한 다양한 정보를 수시로 입수할 수 있었습니다. 더구나 영국제의 신형사격판, 최신식 무선전신기 등 당시로써는 영국 해군의 첨단 군사기술을 이용할 수 있었습니다. 이런 점에서 이 해전을 "제0차 세계대전"으로 부르기도 합니다.

6) 포츠머스 강화조약

미국 대통령 루스벨트(Theodore Roosevelt, 1858-1919)는 만주에 대한 러시아의 독점적 지배를 경계하여 러일양국의 세력균형을 바라고 있었습니다. 이에 그는 일본 정부의 의향을 받아들여 강화를 알선하였으며 러시아도 이를 받아들였습니다. 미국에서 열린 포츠머스 강화회의는 러시아 측이 강한 태도로 나왔기 때문에 난항을 거듭하였습니다.

그럼에도 불구하고, 1905년 9월, 일본 측 수석 전권 고무라(小村) 외상과 러시아 측 수석 전권 비테(Vitte, 1849-1915)와의 사이에 러일 강화조약(포츠머스조약)이 조인되었습니다. 일본은 ①한국에 대한 일체의 권리, ②뤼순(旅順)과 다롄(大連)의 조차권과 장춘 뤼순 간의 철도 및 부속 이권, ③북위 50도 이남의 사할린, ④연해주와 캄차카의 어업권 확보 등을 러시아로부터 인정받았습니다. 그리고 일본의 조차지를 제외한 만주로부터 양국 군대의 철병, 청나라에 대한 기회 균등 등이 결정되었습니다.

일본은 약 110만의 병력을 동원하여 사상자 20만을 넘는 커다란 손해를 보면서 러일전쟁에서 힘든 승리를 거두었습니다. 그러나 일본이 더 이상 전쟁을 계속할 능력이 없다는 실상을 알지 못했던 많은 일본 국민들은 포츠머스조약으로 일본이 얻은 것이 기대 이하라는 점에 격렬한 불만을 표출하였습니다. 도쿄에서는 반정부 정치인과 유력신문의 선동으로 "굴욕적 강화반대 · 전쟁 계속"을 주장하는 군중이 정부 고위 관료들의 저택과 경찰서, 그리고 강화를 지지하는 정부계 신문사와 기독교 교회 등을 습격하여 불태우는 사건이 발생했습니다.[19]

그러나 일본 정부는 국내의 반대여론에도 불구하고 전쟁을 계속할 수 없는 상황이었습니다. 즉 일본이 러시아와 강화조약을 맺을 수밖에 없었던 이유는 병기와 탄약이 부족할 뿐 아니라 전비조달도 여의치 않은 상황이었기 때문입니다. 일본은 비록 군사적인 승리를 거두었기는 했지만, 자신의 능력에 벅찬 전쟁을 치렀습니다. 따라서 전쟁을 계속할 수 있는 능력이 거의 상실된 상태에서 강화조약을 맺었던 것입니다.

7.4. 러일전쟁이 전쟁사에서 갖는 의미

러일전쟁은 근대적 군사혁명이 가져온 폭력수단이 총동원된 전쟁이었습니다. 따라서 양국 모두 모든 국력을 동원한 총력전의 양상으로 전개되었습니다. 인적, 물적 피해 또한 이전의 전쟁과는 비교할 수 없을 정도로 거대했습니다. 전쟁의 종료 또한 러시아와 일본 모두 전쟁을 계속할 수 없는 상태에 이르러서야 끝났습니다. 이런 점에서 러일전쟁은 전쟁사에서도 커다란 의미가 있습니다.

우선 육지에서의 대규모 공방전이었던 뤼순공방전을 살펴볼까요? 앞에서 설명해 드린 바와 같이 이 전투는 양측 합쳐 1만 5천 명 이상의 전사자와 7만 명이 넘는 부상자가 나온 대규모 전투였습니다. 이전의 전투와는 다르게 커다란 사상자가 나왔다는 것은 전투의 양상이 이전과는 판이하게 전개되었다는 것을 나타내는 것입니다. 이 전투에서는 매분 5백 연발의 발사가 가능한 기관총이었던 맥심 기관총이 전투에서 처음 운용되어 커다란 위력을 발휘했습니다. 기관총 진지에서 퍼붓는 십자포화 때문에 이전의 보병들이 취했던 돌격은 무력해졌습니다.

러일전쟁 이후 서구열강의 육군은 서로 먼저 중기관총과 중포를 개발하고 이를 대량배치하게 됩니다. 기관총과 중포가 야전에 대량투입됨으로써 제1차 세계대전에서는 대량살상이 나타나게 됩니다. 육전에서의 병력소

모율이 러일전쟁에서는 17% 남짓에 불과했지만, 제1차 세계대전에서는 평균 52%까지 올라가게 됩니다. 이를 반영하여 러일전쟁 이후 불과 10년 사이에 포병은 전장의 주역이 되었습니다.[20]

쓰시마 위쪽 동해에서 벌어졌던 동해 해전도 해군의 무기체계와 전술에 커다란 변화를 가져왔습니다. 이전까지 각국의 해군에서는 포격(砲擊)이냐, 충격(衝擊)이냐에 대한 논쟁이 계속 있었습니다. 즉 대형 군함을 포격으로 침몰시키느냐, 충격으로 침몰시키느냐에 대한 논쟁이었습니다.

청일전쟁에서도 일본함대는 포격으로, 청나라 함대는 충격으로 싸웠습니다. 그러나 청나라의 대형 군함이 포격으로 침몰하지 않는 경우가 있어 이 논쟁은 계속되었습니다. 그러나 동해 해전에서는 러시아 함대의 신형 전함 5척 중 4척이 일본함대의 포격으로 침몰했습니다. 즉 러일전쟁으로 함정의 대형화, 중장갑화, 거포 탑재가 해전의 승리를 결정짓는다는 것이 증명된 것입니다. 이후 각국은 경쟁적으로 군함 건조에 들어가게 됨으로써 '건함 경쟁의 시대'에 돌입하게 됩니다.[21]

7.5. 대일본제국의 출발: 식민지 경영의 시작

1) 제국주의 국가 일본의 탄생

쇄국에서 벗어나 개국한 지 50년 남짓 된 시점에서 일본이 러시아를 상대로 승리를 거두었다는 사실에 전 세계는 놀라움을 금치 못했습니다. 당시 구미 제국 이외의 국가는 근대화는 커녕 거의 모든 국가나 지역이 서구 열강의 식민지로 전락했기 때문이었습니다. 동해에서 벌어진 해전의 결과 이 지역의 제해권은 일본 해군이 장악하게 되었습니다.

제해권을 상실함으로써 러시아군은 만주 지역 일본군의 보급로를 차단할 수 없었습니다. 이 지역 일본군과의 대결이 더욱 어렵게 된 것이지요. 반면 일본은 평톈회전에서 러시아 육군 주력을 격멸시키는 데 실패했음에도 불구하고 해전에서의 결정적 승리로 강화교섭의 출구를 마련할 수 있었습니다. 포츠머스 강화회의를 통해 일본은 5대 열강으로 진입하게 되었습니다.[22]

페리 제독의 위협에 굴복하여 일본은 문호를 개방하였으며 메이지 시대의 일본인들은 서구 국가들과 같은 근대국가를 만드는 데 성공하였습니다. 1894~1895년에 잠자는 사자로 불렸던 아시아의 유일한 강국 청나라와의 전쟁에서 승리하였고, 1904~1905년에는 당시 세계 5대 강국의 하나라고 불렸던 제정러시아와의 전쟁에서 이겼습니다. 러일전쟁에서의 승리로 세계 각국에 일본의 존재감을 확실히 각인시켰습니다. 개방한 지 40년 남짓 걸린 시기에 일본은 근대국가를 완성했다는 사실을 서구 국가들에 알렸습니다. 1860년대부터 근대국가 건설을 시작하여 1905년에 완성한 것입니다.

2) 식민지 경영과 제국 일본의 팽창

러일전쟁은 부동항을 원했던 제정러시아가 남하, 만주와 한반도에 대한 영향력을 확대하자 이에 위협을 느낀 일본이 대항함으로써 벌어진 전쟁입니다. 청일전쟁 후 랴오둥반도에 대한 삼국간섭, 만한교환론을 둘러싼 양국의 협상결렬은 러일전쟁이 터질 수밖에 없었던 이유를 보여주고 있습니다. 이 전쟁에서 이김으로써 일본은 만주와 한반도에 대한 지배권을 확보할 수 있었습니다. 만주 남부 지역의 철도경영권과 탄광채굴권을 확보했을 뿐 아니라 압록강 지역의 삼림벌채권도 확보했습니다. 더군다나 철도

수비를 위한 군대 주둔권도 확보할 수 있었습니다. 만주 지역에 군대를 파견함으로써 대륙진출의 교두보를 확보할 수 있게 된 것입니다.

그렇다면 러일전쟁 후의 한반도와 만주는 일본에 어떤 의미를 갖는 지역일까요? 한반도에 관한 일본의 입장은 메이지 유신 이후 나타났던 정한론, 곧 한반도 정벌의 시기를 둘러싼 갈등으로 표출되었습니다. 한반도는 일본이 대륙으로 진출하기 위해서나 섬나라 일본을 방어하기 위해서나 반드시 필요한 지역입니다.

명나라 정벌이라는 명목으로 조선을 침략했던 임진왜란, 몽골이 고려를 지배했을 때 일본의 지배층이 가졌던 공포심은 이의 대표적인 예라 할 수 있습니다. 그래서 메이지 신정부의 군을 장악했던 야마가타 아리토모는 일본 열도를 주권선, 한반도를 이익선이라고 했던 것입니다. 러일전쟁을 통해 일본은 조선과 만주 지역에 대한 지배권을 확고하게 장악했을 뿐 아니라 국제적으로도 인정을 받았습니다.

그러나 러일전쟁의 역사에서 가장 중요하면서도 간과되고 있는 점은 일본의 한반도침략이 공공연하게 자행되었다는 점입니다. 당시 대한제국은 엄연히 주권을 가진 독립국가였습니다. 그럼에도 불구하고 일본 해군과 육군은 아무런 사전 통고 없이 일방적으로 투입되었습니다. 일본 측의 강요로 한일의정서가 맺기도 전이었습니다. 대한제국의 중립선언은 무시되었습니다. 청일전쟁이 조선군과의 전쟁으로 시작되었다면, 러일전쟁은 대한제국에 대한 일본의 일방적인 침략으로 시작되었던 것입니다.

한반도와 마찬가지로 만주 또한 일본의 이익에 매우 중요한 의미를 지니고 있었습니다. 우선 첫 번째로, 만주는 한반도와 마찬가지로 소비에트연방의 남하를 저지하기 위한 일본의 방위선으로서의 의미가 있습니다.

야마가타가 언급한 바와 같이 주권선이 일본 본토라면 본토를 지키기 위한 이익선이 바로 조선과 만주입니다. 따라서 만주는 본토를 지키는 최전선으로서의 방위선이 되었습니다. 이후 일본은 이를 생명선이라 부릅니다. 이 지역의 철도와 주민을 지키기 위해 주둔한 군대가 관동군입니다.

두 번째로 만주는 자원 공급지로서 매우 중요한 지역입니다. 자원이 빈곤하여 해외로부터의 수입에 절대적으로 의존하고 있던 일본으로서는 철과 석탄이 풍부한 만주는 매우 중요한 지역이었습니다. 마지막으로, 인구가 증가하여 토지가 협소해진 일본에서 만주는 일본인들의 새로운 이주지로서 주목을 받게 되었습니다. 한국을 병합한 이후 일본은 식민정책을 실시하여 많은 일본인을 한반도와 만주로 이주시켰습니다. 그렇다면 서구세력이 들어오기 전까지 만주와 한반도에 대한 영향력을 가지고 있었던 청나라의 상황은 어떠했을까요?

3) 새로운 중국의 출현과 중일대립의 격화

동아시아 지역에 대한 서구 열강의 침략이 아편전쟁으로 시작되었다는 것은 이 책의 앞부분에서 살펴본 바와 같습니다. 이 전쟁에서 청나라는 허약함을 드러내었습니다. 내부적으로도 청나라는 태평천국의 난이 10년 이상 지속되면서 사실상 위기 상황에 빠져 있었습니다. 중앙권력의 약화를 틈타 특정 지역에서는 사적으로 무장한 군벌들이 세력을 형성하여 사실상 무정부 상태가 계속되고 있었습니다.

이런 상황에 대하여 청나라의 지식인들은 신국가 수립을 위한 혁명운동을 전개하게 됩니다. 즉 일본이 조선을 합병하고 만주에 대한 영향력을 확대해가고 있을 무렵 청나라에서는 쑨원, 장제스와 같은 지도자가 중심이 되어 신해혁명을 일으키게 됩니다. 이에 1911년 쑨원을 대총통으로 하는 중화민국이 탄생하였습니다. 이후 새로운 군대인 중화민국군이 군벌을 토벌하면서 청나라는 새로운 국가로 나아가게 됩니다. 이러한 중화민국군의 움직임에 대하여 일본은 어떤 태도를 취했을까요?

1914년 제1차 세계대전이 발발하면서 일본은 만주침략을 노골적으로 드러내기 시작했습니다. 유럽 각국이 전쟁으로 아시아에 관한 관심이 엷어진 틈을 노린 것이지요. 일본은 만주 지역에서의 각종 이권에 대한 요구사항을 중화민국 정부에 요구하게 됩니다. 소위 '대중국 21개조의 요구'입니다. 주된 내용으로서는 산둥성의 독일 권익 양도와 남만주 철도, 랴오둥 철도의 경영권, 내몽골 동쪽에서 일본의 특수권익 인정, 중국 중앙정부의 일본인 고문 초빙, 경찰의 공동관리 등 중국 측에 매우 불리한 것이었습니다.

이에 대해 중국에서는 강력히 반발하였을 뿐 아니라 구미 열강도 비난하였으므로 교섭은 중단되었습니다. 그럼에도 불구하고 일본은 강압적으로 이를 밀어붙였습니다. 당시 중화민국 정부는 군벌과 내전을 치르고 있었기 때문에 어쩔 수 없이 이를 받아들였습니다. 서구 각국 또한 자신들이 치르고 있는 전쟁으로 이 지역에 크게 신경 쓸 여유가 없었습니다.

반제국주의 운동인 의화단 사건(1899-1901)으로 서구 열강들은 중국에서의 군대 주둔을 인정받았을 뿐 아니라 상하이를 중심으로 특수권익을 가진 조차지를 가지게 되었습니다. 이에 서구 열강들에 대한 중국 민중들의 반감은 매우 증폭되어 있었습니다. 이러한 반감은 '21개조 요구' 이후 일본을 향하게 됩니다. 베이징의 학생들을 중심으로 나타났던 반일운동이 바로 '5.4운동'입니다. 이 운동은 일본의 탄압으로 끝났으나 중국에서의 반일운동과 만주에 대한 권익회복은 이후 계속 나타나게 됩니다. 그동안 장제스가 이끄는 중화민국의 국민당군은 그 세력을 강화하여 남쪽에서 북쪽을 향하는 북벌(1926년 7월)을 시작, 드디어 베이징에 다다름(1928년 6월)으로써 전 대륙의 통일을 눈앞에 두게 됩니다.

이 무렵 일본에서는 다이쇼 시기가 끝나고 쇼와 시기(1926)로 들어서게 됩니다. 즉 쇼와 시기 들어서 중국의 통일이 서서히 진행되고, 그와 동시에 러시아에서는 소비에트 정권이 수립되어 사회주의 국가 건설이 시작되었습니다.[23] 일본 또한 이에 대항하기 위해 어떻게든 조선반도와 만주를 장악하고서 다가올 충돌에 대비하고자 하게 되는 시점에 쇼와시대는 시작하게 됩니다. 쇼와시대 들어 육군과 해군을 강경파들이 장악하게 된 데에는 장쭤린 폭살 사건과 워싱턴 군축회의가 있습니다. 이에 대해서는 다음 장에서 살펴보도록 하겠습니다.

러일전쟁과 일본 스파이 아카시 모토지로(明石元二郎)

아카시는 메이지, 다이쇼기에 활약한 후쿠오카 출신의 육군 군인이다. 청일전쟁 시기에는 참모로서 활동하였으며 러일전쟁 시기에는 첩보 활동, 즉 스파이로서 대활약한 인물이다. 육군 참모본부는 러시아에서 가까운 스톡홀름에서의 정보 수집을 명령하였으나 아카시는 "스톡홀름 정보는 파리, 베를린, 런던의 정보를 재가공한 것에 불과하다"라는 점을 들어 참모본부를 설득, 3개 도시를 비롯한 유럽 전역을 돌아다니면서 정보를 수집하였다고 한다.

정보 수집이 주된 활동이었으나, 이 외에 러시아 혁명파 인사들에게 자금을 건네어 소요 사건을 일으키는 것도 아카시의 주된 작업이었다. 그는 러시아가 지배하고 있었던 국가와 지역의 반러시아 운동을 지원하는 한편, 러시아 국내의 반정부세력과 연계하여 러시아 내 반정부활동을 지원했다. 이들에게 자금과 무기를 지원하는가 하면, 데모와 스트라이크, 철도파괴 공작 등 사보타지 활동도 지원했다. 이 중 철도파괴 공작 등은 실패했지만 데모와 스트라이크는 거세지면서 군 병력이 동원되어야 할 지경이었다. 반정부활동의 진압을 위해 군 병력이 동원됨으로써 주 전쟁터인 극동으로 군대가 파견되기 어려운 상황이 조성되었다.

아카시가 이러한 공작을 한 목적은 러시아가 전쟁을 계속하지 못하게 하기 위한 것이었다. 즉 러시아 내의 반정부세력을 규합하고 혁명 정당에 자금을 지원하여 러시아 내의 반전, 반정부 운동을 활발하게 함으로써 러시아가 전쟁을 계속하지 못하게 하였던 것이다. 일본의 만주군은 유럽에서 벌어지고 있었던 러시아 반정부세력의 활동을 러시아 장병들에게 격문 등으로 알려 러시아군의 전의를 저하시키려 하였다. 또한, 유럽 정세를 흘려 러시아군의 후방교란 활동도 활발히 전개하였다. 이러한 공작을 위해 아카시는 거액의 공작금을 썼다. 당시 국가 예산 약 2억 3천만 엔 가운데 100만 엔 정도를 사용하였다. 이는 현재의 가치로 하면 약 4백억 엔 이상에 해당하는 것으로 알려졌다. 이 경비는 육군 참모본부에서 지급되어 러시아혁명 지원 공작 등으로 사용되었다.

러일전쟁 내내 러시아 국내의 정정불안을 획책하여 일본의 승리에 공헌한 아카시의 활동은 이후 자신이 저술한 『낙화유수(落花流水)』 등의 저서를 통해 알려졌으며, 일본 육군 최대의 모략전으로 평가받게 된다. 어떤 일본 육군 인사는 "아카시의 활약은 육군 10개 사단에 필적한다"라고 평가하였으며, 독일 황제였던 빌헬름 2세도 "아카시 한 사람이 만주 일본군 20만 명에 필적하는 전과를 올렸다"라고 말할 정도였다.

러일전쟁 후에는 한국 주둔군 참모장 겸 헌병 사령관으로서 의병투쟁을 진압하는 데 앞장섰으며 한일합방 후에는 한반도 지배의 근간이 되었던 헌병경찰제도를 만드는 데 앞장서 무단통치를 밀어붙였다. 이후 참모본부 차장과 사단장을 거쳐 1918년 제7대 타이완 총독에 취임하였으며 육군 대장으로 진급했다. 이후 총리 물망에 오르는 등 주위의 기대를 받았으나 타이완 총독 취임 후 공무로 일본으로 돌아오는 도중 배에서 발병, 고향에서 병사하게 된다. 아카시의 공작은 일의 성격상 은밀하게 진행되었기 때문에 표면적으로는 알려진 바가 많지 않다. 따라서 아카시는 그 활약에 비해 이름이 그다지 널리 알려지지 않았다.

8

군부의 폭주와
만주 사변

쇼와 천황이 즉위한 해가 1926년입니다. 그리고 대체로 이 무렵부터 일본의 군국주의화가 급속도로 진행됩니다. 소화사(昭和史, 1926-1989)의 출발점에 벌어진 사건이 1928년의 장쭤린(張作霖) 폭살 사건입니다. 이 사건을 이해하기 위해서는 당시 중국의 정세에 대한 간단한 이해가 필요합니다. 개략적으로 살펴보도록 하겠습니다.

1911년 중국에서는 쑨원(孫文)이 신해혁명을 일으켜 청나라가 무너지고 공화제가 시작됩니다. 1911년이 신해년(辛亥年)이기 때문에 신해혁명이라고 합니다. 이듬해에는 난징을 수도로 하는 중화민국이 수립됩니다. 이때부터 청나라를 대신하여 중화민국이 새로운 국가로 등장하게 됩니다.

그러나 쑨원을 중심으로 한 세력이 중국이라는 나라를 순식간에 장악할 수는 없겠지요. 각 지역에서는 군벌들이 나타났으며 이들과의 충돌이 발생하게 됩니다. 또한, 뒤늦게 창당한 공산당과의 충돌도 발생합니다. 따라서 중국은 그야말로 전국에 걸쳐 혼란 상황이 계속되고 있었습니다. 이들 세력 중 쑨원과 장제스의 세력이 합쳐진 국민당 군이 1920년 무렵부터 가장 큰 세력으로 등장하여 중국을 대표하게 됩니다.

8.1. 군부의 움직임

1) 일본 육군의 폭주: 관동군과 만주

국민당 군은 각지의 크고 작은 군벌들을 차례로 토벌하면서 중국 통일에 나서게 됩니다. 앞서 언급했던 북벌이 바로 국민당 군이 각지의 군벌을 격파해가는 과정이지요. 당시 중국 동북지방, 즉 만주 지역의 대군벌로 부상한 인물이 장쭤린입니다. 북벌이 진행되면서 당연하게도 장쭤린의 동북군과 국민당 군도 대립하게 됩니다.

애초에 일본과 장쭤린의 군대는 서로 협조하는 관계였습니다. 일본으로서는 만주를 자기들 영향력 아래에 두기 위해 장쭤린을 지원하였고, 장쭤린 또한 국민당 군에 대항하기 위하여 일본군과 손을 잡았던 것이지요. 그러나 장쭤린은 세력이 커지면서 일본 육군의 말을 잘 듣지 않게 됩니다.

일본 육군 또한 장쭤린을 지원하면서도 국민당 군과 정면충돌하게 되는 것에는 부담을 가지게 됩니다. 이에 일본 육군은 장쭤린을 제거하고 만주를 직접 통치할 계획을 세웠습니다. 이 계획이 실행되었던 것이 1928년의 '장쭤린(張作霖) 폭살 사건'입니다. 장쭤린을 태운 열차가 펑톈 인근에서 관동군에 의해 폭파되어 장쭤린이 죽게 된 사건입니다. 물론 관동군은 자기들은 이 사건과 관계가 없다고 부인하면서 국민당 군의 소행이라 주장했습니다.

그러나 일본 측과 군벌 측의 공동조사가 진행되면서 이 사건이 일본군의 모략에 의한 것이었다는 것이 밝혀집니다. 물론 이 사건을 육군이 꾸민 일이라는 것은 당시 은폐되었습니다. 관동군은 이 사건을 국민당 군이 일으킨 것처럼 꾸몄을 뿐 아니라 이를 구실로 남만주를 침략, 점령하고자 하

였습니다. 이것이 밝혀진 것은 전후 들어서였습니다.[1]

이 사건으로 인하여 당시 관동군 사령관과 참모, 그리고 참모장 이하 간부들에게 가벼운 처벌이 내려졌습니다. 즉 공식적으로 군법회의에서 죄를 처벌한 것이 아니라 예편, 사직, 견책 처분 등 서류상의 가벼운 처벌에 불과하였습니다. 그리고 당시 일본의 내각(田中義一)이 총사퇴함으로써 마무리되었습니다. 이 사건을 계기로 육군 소장파들의 목소리는 더욱 크게 나타나게 됩니다. 나아가 대외정책에서도 강경한 태도를 보이면서 육군 지휘부와 대립하게 됩니다. 그렇다면 당시 해군의 움직임은 어떤 상황이었을까요?

2) 해군 군축 조약과 해군의 불만

제1차 세계대전에 참전함으로써 일본은 전승국의 지위를 누리게 되었습니다. 독일이 권리를 가졌던 마셜제도 등 남태평양제도를 차지하게 되었습니다. 그뿐만 아니라 전쟁으로 인한 경제적 이익 또한 상당했습니다. 사실 제1차 세계대전의 가장 큰 승자는 미국과 일본이었습니다. 왜냐하면, 전쟁을 통해 막대한 이익을 누릴 수 있었던 것이지요.

대전 초기에는 중요 물자의 수출입 단절과 경제의 불활실성 등이 우려되어 불황이 심각해지는 조짐이 나타났습니다. 그러나 곧 수출의 확대와 함께 전쟁특수가 나타났습니다. 당시 연합국이었던 영국, 프랑스, 러시아 등으로부터 군수품과 식료품의 수요가 크게 증가하였습니다. 또한, 동남아 시장에 대한 교전국들의 수출이 감소함으로써 이를 대체하여 일본제품이 침투할 수 있었습니다. 이러한 요인들에 힘입어 청일전쟁, 러일전쟁 이후 계속 위기에 빠져 있던 일본 경제는 일거에 회복되었습니다. 당시 일본에서 계속 나타났던 국제수지위기는 제1차 세계대전의 발발로 일거에 해소되었습니다.

반면 유럽 각국은 장기간에 걸친 전투로 승패와 관계없이 국력을 소비했습니다. 또다시 전쟁이 벌어져서는 안 된다는 공감대를 바탕으로 국제연맹이 창설되었습니다. 이에 영국을 중심으로 승전국이 워싱턴에 모여 군비축소를 위한 협상에 들어가게 됩니다. 워싱턴 해군 군축조약(1922년)이 그 결과물입니다. 이 조약에서는 전함과 항공모함으로 구성되는 주력함 톤수의 비율을 5:5:3(미, 영, 일)으로 정하였습니다.

그러나 잠수함 등의 보조함정 제한에 대해서는 당시 합의를 보지 못했습니다. 1930년, 이 조약의 연장선상에서 중순양함과 구축함, 잠수함 등 보조함정에 관한 축소 논의가 이루어졌습니다. 여기서 일본은 미국, 영국 대비 중순양함 톤수는 6할, 보조함 총괄 톤수는 7할을 유지하는 것으로 조약이 체결되었습니다. 이 결과 일본 해군 내에서는 이에 반대하는 강경파 세력이 형성되었습니다.

8.2. 일본 육군의 구상과 상하이 사변, 만주국의 건국

1) 일본 육군의 구상과 만주 사변[2]

제1차 세계대전 이후 전쟁은 총력전 시대에 들어섰습니다. 즉 전쟁이 군인만이 아닌 국민 전체가 싸우는 시대가 된 것입니다.[3] 일본은 이미 청일전쟁과 러일전쟁을 통하여 이를 잘 알고 있었습니다. 청일전쟁을 통해 일본의 민중은 근대적 의미의 '국민'으로 탄생했습니다. 러일전쟁을 계기로 일본의 자본주의는 제국주의로 전화되었습니다.[4] 제국주의적 팽창의 수단인 전쟁 수행에는 막대한 비용이 수반되었습니다. 이러한 비용조달을 위해서는 국민들의 협조가 필수적이었습니다.

장쭤린 폭살 사건 이후 만주를 어떻게 할 것인가 하는 문제는 일본 내에서 뜨거운 문제가 되고 있었습니다. 당시 매스컴에서는 만주와 몽골은 일본의 생명선이라는 주장까지 나오고 있었습니다. 물론 육군 내에서도 만주를 어떻게 할 것인가에 대한 구상이 있었습니다. 당시 관동군 작전참모였던 이시하라 간지(石原莞爾)와 참모본부의 구상입니다. 이시하라는 장쭤린 폭살사건 이후 관동군 작전참모로 뤼순에 부임하였습니다. 그의 구상은 1940년 출간된 『세계최종전쟁론(世界最終戰爭論)』에 잘 정리되어 있습니다.

이시하라는 이 책에서 열강들 사이에 계속되고 있는 전쟁의 최종적인 모습은 미국과 일본의 전쟁으로 귀결될 것으로 전망했습니다. 이에 대비하여 일본은 만주와 몽골을 확보하여 일본의 국력과 군사력을 강화해야 한다는 것입니다. 이시하라의 구상에 뒤이어 나온 것이 참모본부의 '만몽문제 해결방책 대강(滿蒙問題解決方策大網)'입니다. 이 안은 이시하라의 구상에 기초하여 일본이 우선 당장 해야 할 방안으로 친일정권 수립을 제시하고 있습니다. 즉 만몽 지역을 갑자기 식민지로 하기는 어려우니 독립국의 형태이기는 하지만 일본이 조종하는 친일정권을 만주에 수립한다는 것입니다.[5]

관동군과 참모본부의 구상에 대하여 강경파 국회의원들과 언론이 가세함으로써 만주와 몽골을 일본의 식민지로 한다는 구상은 국민 사이에서도 급속도로 퍼지게 됩니다. 이에 정치권의 신중론에도 불구하고 육군은 만몽 지배계획을 추진하게 됩니다. 관동군이 가장 먼저 취한 작전계획은 만철을 폭파한다는 것이었습니다. 철도를 폭파하면 관동군사령부 조례에 의해 군이 합법적으로 출동할 수 있게 됩니다.

관동군은 장쭤린 폭살사건과는 다르게 은밀하게 움직여 류탸오후(柳条湖) 부근의 철도를 폭파하게 됩니다. 1931년 9월 18일 오후 10시 20분이었습니다. 사건 직후 관동군은 이를 장쉐량(張學良) 군대의 짓으로 간주하여 중국군에 대한 공격을 감행합니다. 중국 병사가 철도를 파괴했기 때문에 정당방위 차원에서 일본군이 대응한다는 것이지요. 이것이 만주 사변의 시작입니다.

관동군의 만주침략에 대하여 일본 국내의 언론은 일제히 지지하는 태도를 보였습니다. 라디오가 보급되면서 관동군의 움직임을 신속하게 보도하는가 하면, 신문 또한 호외를 발행하면서 경쟁적으로 관동군의 침략을 옹호하는 기사를 쏟아내게 됩니다. 이들 언론에 선동당해 일본국민들 또한 호전적으로 변해 갔습니다. 매스컴과 국민이 일체화되어 관동군의 만주침략을 열렬하게 지지하게 되었던 것이지요. 그리고 이러한 우호적 분위기에 힘입어 조선 주둔 일본군 또한 관동군을 지원하기 위하여 독단적으로 압록강을 건너 만주 지역으로 들어가게 됩니다.[6]

이후 만주 지역에서는 계속 전투가 벌어졌습니다. 물론 이는 장제스(蔣介石)의 국민당 군이 아니라 만주 지역을 근거로 하고 있었던 장쉐량((張學良) 군과의 전투였습니다. 그렇다면 장쉐량 군을 제외한 중국의 다른 군대는 왜 일본의 만주침략을 방관하고 있었을까요? 이를 이해하기 위해서는 당시 중국 본토에서의 상황에 대한 이해가 필요합니다.

2) 중국의 대응과 국제여론의 악화

앞서 쑨원과 장제스의 국민당 군이 청나라를 붕괴시킴으로써 중화민국이 수립되었다는 이야기는 하였습니다. 그러나 쑨원 사후 중국 내부는 여러 세력으로 나뉘어져 있었습니다. 국민당은 난징을 중심으로 한 장제스 정부와 광둥의 왕징웨이(汪精衛, 汪兆銘) 정부로 나뉘어 같은 국민당임에도 불구하고 서로 싸우고 있었습니다. 다른 한편으로 중국공산당 또한 세력을 점점 키워나가고 있었습니다. 일본의 만주침략에 대해 중국의 민중들, 특히 젊은이들이 중심이 된 반일운동이 상해 등 대도시를 중심으로 거세게 전개되었습니다.

일본군의 침략에도 불구하고 장제스와 왕징웨이의 국민당 군은 일본군과 싸울 생각은 없었습니다. 기껏해야 장제스가 국제연맹에 일본군의 침략을 저지시켜 달라고 호소하는 정도였습니다. 국제연맹은 조사단 구성으로 차일피일 시간을 허비하고 있었으며 국민당 군은 자신들의 권력투쟁에 몰두하는 형국이었습니다. 이에 일본군은 장쉐량 군대를 차례로 격파하면서 점령 지역을 점점 확대해 나갑니다. 그리고 드디어 만주와 중국 본토의 경계선에 위치한 산하이관(山海關)에 도달하게 됩니다.

그렇다면 일본군의 만주 침략에 대하여 왜 중국의 국민당 군은 적극 반격에 나서지 않았을까요? 이의 배경에는 만주족이 세운 청나라에 대한 반감이 있었습니다. 중국 국민정부는 반만한족(反滿漢族)이라는 종족주의적 입장을 갖고 있었습니다. 일본의 군부는 중국의 국민정부가 만몽(滿蒙)을 '화외(華外)의 땅'으로 간주하기 때문에 그들이 '국력을 도모해 싸울 일은 없을 것'이라고 보았습니다. 실제로 일본의 만주 침략은 예상대로 중국의 큰 저항 없이 진행되었습니다.[7]

그러나 일본의 거침없는 진격에 당시까지 호의적이었던 서구의 여론은 점점 비판적으로 변하기 시작했습니다. 특히 그때까지 일본에 호의적이었던 미국이 일본의 만주침략에 비판적인 태도를 보이기 시작했습니다. 그럼에도 불구하고 일본의 군부는 중국 본토와 분리된 별개의 독립 국가를 만주에 건설한다는 방침을 밀어붙였습니다.

3) 상하이 사변

일본은 자신들의 만주침략에 국제적인 이목이 집중되자 다른 사건을 꾸미게 됩니다. 즉 상하이에서 사건을 일으켜 국제적인 관심을 그쪽으로 쏠리게 하려는 공작을 꾸몄던 것입니다. 사실 만주 지역은 서구 열강들의 이해가 직접 관련된 지역은 아니었습니다. 그러나 상하이는 만주와 달리 국제적으로 매우 민감한 지역이었습니다. 왜냐하면, 상하이에는 일본 외에도 미국, 영국, 프랑스, 이탈리아 등의 조계지가 있었기 때문입니다.

중국 민중과 상하이 거주 일본인들 사이에 감정이 고조되던 와중에 이 지역에서 일본인 승려와 신도가 중국인으로부터 습격을 당해 사상자가 발생하는 사건이 벌어지게 됩니다. 1932년 1월의 일입니다. 이 사건은 중국군과 일본군 사이의 총격전으로 비화되었습니다. 그러나 중국 군대의 갑작스러운 철수와 일본군 참모본부의 정전 명령으로 전투가 중지되었습니다.

중국 군대의 갑작스러운 철수는 일본군이 증파된다는 거짓 정보에 의한 것이었으며, 일본군 참모본부의 정전 명령은 국제연맹의 비판적인 여론 때문이었습니다. 정전협정을 위한 양국의 공식적인 조인식은 쇼와(昭和) 천황의 생일인 4월 29일에 홍커우 공원에서 열리게 됩니다. 우리나라의 윤봉길 의사가 의거를 한 장소가 바로 이 모임에서였습니다. 당시 상하이 파견군 총사령관인 시라카와 대장 등이 부상 후유증으로 사망하였으며, 중국 공사였던 시게미쓰 마모루는 한쪽 다리를 잃었습니다.

전후 도쿄재판에서 밝혀진 바에 의하면, 상하이 사변은 일본 육군이 꾸민 음모였습니다. 당시 상하이 일본공사관에 배속된 일본군 특무기관의 소좌 다나카 류키치라는 인물이 폭로한 바에 의하면, 이러한 음모는 만주사변 직후부터 이미 획책하였던 계획이었습니다. 즉 만주 지역에 대한 세계의 부정적인 시각을 다른 사건(상하이 사건)으로 관심을 돌리기 위한 것이었습니다. 실제로 상하이 사변으로 각국의 관심이 쏠린 사이 관동군은 북부 하얼빈에 대한 공격을 시작하였습니다. 그리고 1932년 3월에 만주국이 수립되었습니다.

4) 리튼조사단(Lytton Commission)과 일본의 국제연맹 탈퇴

중국은 만주국 수립을 부당한 것으로 국제연맹에 제소하였습니다. 중국 민중의 반발 또한 거세게 나타났습니다. 중국이 이를 국제연맹에 제소함으로써 영국의 리튼을 단장으로 하는 조사단 파견이 결정되었습니다. 1932년 도쿄에 도착한 조사단은 일본과 중국, 만주를 거쳐 실지 조사를 실시한 후 보고서 작성에 들어갔습니다.

보고서는 만주를 중국 주권의 범위로 하면서도 이 지역에 대한 일본의 특수한 권익을 인정하였습니다. 그럼에도 불구하고 만주국은 승인할 수 없다고 하는 다소 절충적인 보고서였습니다. 그리고 일본군의 만주 지역 철수를 권고하는 안을 제출했습니다. 이 안에 대한 국제연맹에서의 투표 결과는 42대 1이라는 압도적 결과로 나타났습니다. 이에 유일한 반대자였던 일본은 1933년 3월, 국제연맹을 탈퇴하게 됩니다.

투표결과와 연맹탈퇴는 일본의 국제적 고립을 보여주는 것이었다고 할 수 있습니다. 일본이 국제적인 공식 무대에서 완전히 배제되었다는 것입니다. 따라서 세계 각국의 정보를 획득할 수 있는 무대와 기회를 잃어버린 것이지요. 이제 일본은 점점 국제적으로 고립되었습니다. 그리고 이것은 당연하게도 일본 외교의 실패이기도 했습니다.

그럼에도 불구하고 일본의 언론은 국제연맹 탈퇴가 무엇을 의미하는지, 그리고 다른 나라가 일본을 어떻게 보는가에 대해서는 전혀 언급이 없이 자국의 애국주의와 국수주의를 고취하는 보도에 빠져 있었습니다. 이 영향으로 일본국민들 사이에서는 일본이 가해자임에도 불구하고 오히려 피해자라는 인식이 널리 퍼졌습니다. 그리고 같은 제국주의 국가였던 서양 열강들에 대한 반감이 국민 사이에 급속도로 퍼지게 되었습니다.[8]

이러한 분위기 속에서 일본은 지도부와 국민 모두 전쟁을 열렬히 지지하는 길로 들어서게 됩니다. 그러면 이 시기에 나타났던 일본 군부의 계속된 쿠데타에 대해서 간략히 살펴보도록 하겠습니다. 이를 살펴보는 이유는, 이 시기에 나타났던 계속적인 쿠데타를 계기로 군부의 영향력이 강화되면서 일본이 군국주의의 길로 들어섰기 때문입니다.

8.3. 군부의 테러와 정당정치의 종언

1) 5.15 사건과 정당정치의 종언

상하이 사변에서 육군 소장파들은 초기의 기세를 몰아 난징까지 진격하고자 했습니다. 따라서 정전협정 체결에 매우 불만이었습니다. 해군 또한 전투에 투입되었기 때문에 많은 희생자가 나왔습니다. 병사들은 전쟁 참여로 그 공적을 인정받기를 기대했습니다. 그러나 병사들의 기대와는 다르게 상하이 사변이 단순한 사건으로 처리되어 끝나게 되자 군 내부로부터 많은 불만이 터져 나왔습니다. 물론 해군에서는 앞서 언급한 해군 군축조약에서 결정된 함정의 축소에 대한 불만도 있었습니다.

이런 불만을 계기로 육군과 해군, 우익단체가 중심이 된 암살 사건이 연이어 일어나게 됩니다. 공격대상은 정치권과 천황 주위의 소위 '중신그룹'이었습니다. 1932년 2월에는 이노우에(井上準之助) 전 대장 대신이, 3월에는 미쓰이 이사장인 단 다쿠마(団琢磨)가 우익단체인 혈맹단에 암살당하는 사건이 발생합니다. 그리고 뒤이어 5월에는 해군 청년 장교들을 중심으로 한 5.15 쿠데타 사건이 터지고 맙니다. 이누카이(大養毅) 수상을 비롯, 중신들(원로와 내대신, 시종장 등)이 공격대상이었습니다. 이들을 제거하고 더 새로운 일본을 만든다는 것이었습니다. 그러나 결과적으로 이누카이 수상만 죽임을 당하고 나머지 시도는 모두 실패로 끝났습니다.

5.15 사건은 수상(大養毅)의 죽음을 가져온 엄청난 사건이었습니다. 그럼에도 불구하고 이들에 대한 처벌은 너무도 가볍게 끝났습니다. 이들에 대한 군 내부의 여론은 매우 동정적이었으며 국민들 또한 이들에게 매우 우호적이었습니다. 따라서 5.15 사건 이후에도 계속 암살, 테러 사건이 발발하게 되면서 일본 사회는 바야흐로 공포시대에 접어들게 됩니다.

이러한 분위기를 반영하여 일본에서 정당정치는 종말을 고하게 됩니다. 즉 5.15 사건 이후 등장한 해군 대장 출신의 사이토 마코토 총리는 거국일치 내각을 전면에 내걸고 더 이상 정당과 관련 없는 인사들로 내각을 꾸리게 됩니다. 그리고 이후의 내각 또한 군부의 절대적인 영향력 아래에 놓이게 됩니다.

2) 2.26 사건과 전쟁으로의 길

1930년 무렵부터 만주, 몽골 지역에서는 소련과의 군사적 충돌이 격화되기 시작합니다. 나아가 소련의 사회주의 정권에 대한 위기감으로 일본에서는 군사정권을 수립하여 장래 일어날 모든 전쟁에 대비해야 한다는 움직임이 강하게 대두합니다. 여기서 전자, 즉 군사정권을 어떻게 수립할 것인가에 대해서 육군 내에서는 두 세력이 나타나게 됩니다. 바로 황도파와 통제파입니다. 황도파는 천황의 친정을 실현하여 천황의 이름으로 일거에 군사정권을 구축할 것을 주장합니다. 이에 비해 통제파는 군의 규율과 통제를 중시하고 육군 대신을 통하여 합법적으로 군사정권을 수립할 것을 주장합니다.[9]

후자, 즉 향후의 전쟁대비에 대해서도 양측의 의견은 달랐습니다. 황도파는 소련의 힘이 더 커지기 전에 우선 소련을 공격하자는 일종의 예방전쟁론 입장에 서 있었습니다. 이에 비하여, 통제파는 소련과 싸우기 위해서는 우선 일본을 적대시하는 중국을 타격, 굴복시켜 일본 편으로 만들어야 한다는 것입니다. 요컨대 일본을 총력전 태세를 갖춘 국가로 만드는 것에는 일치하지만 방법론에서 의견이 갈렸던 것이지요.

황도파에는 야전에 근무하는 장교가 많았습니다. 그들은 농민 출신의 병사와 함께 생활했습니다. 반면 통제파에는 육군사관학교나 육군대학교를 졸업하고 육군성이나 참모본부 등과 같이 육군 중앙부의 중견 간부로 일하는 인사가 많았습니다.[10] 당시 황도파의 청년 장교들에게 큰 영향을 미친 것은 기타 잇키(北一輝)가 저술한 〈일본개조법안대강(日本改造法案大綱. 1919. 8.)〉이었습니다.[11] 이 책은 당시 일본의 국가주의운동에도 커다란 영향을 끼쳤습니다.

이 책은 천황 대권으로 3년간 헌법을 정지시키고 양원(兩院)을 해산, 계엄령을 발동하여 새로운 통치기구를 조직할 것, 사유재산을 제한할 것, 노동성을 설치하여 노동자의 권리를 보호할 것을 주장하는 등 당시로서는 획기적인 내용을 담고 있었습니다.[12] 나아가 영토가 작은 국가는 다른 국가를 침략할 권리가 있다고 주장, 시베리아에서 동남아시아, 오스트레일리아에 이르는 대제국을 만든다는 구상도 나타나고 있습니다.[13]

황도파의 주장에 대하여 통제파가 내놓은 것이 육군성의 신문반에서 공표한 〈국방의 본의와 그 강화의 제창(国防の本義とその強化の提唱. 1934)〉입니다.[14] "전쟁은 창조의 아버지, 문화의 어머니(戦いは創造の父、文化は母である)"로 시작하는 이 문건의 전체적인 내용은 국방을 외치면서 일본인은 더욱 강해져야 한다는 일종의 선동 문건이었습니다. 주요 주장으로서는 천황제 국가, 자본주의에 대한 재인식, 통제경제의 필요성을 들 수 있습니다. 요컨대 일본이 국가 총력전 태세를 갖춘 고도의 국방 국가가 되기 위해서는 자본주의 경제체제가 아니라 통제경제가 되어야 하며, 군이 통제하는 국가가 되어야 한다는 것입니다.

통제파의 이러한 주장은 기타 잇키의 주장과도 비슷한 내용이 있었기 때문에 황도파 청년 장교들로부터도 열렬한 환영을 받았습니다. 그러나 정우회, 민정당을 비롯한 정치권에서는 이 팸플릿이 군부가 정치에 관여하는 것으로 간주, 강력히 반발하였습니다. 재계와 언론계 또한 이러한 군부의 구상에 대해 놀랍다는 반응을 보였습니다. 정치권뿐 아니라 언론과 재계에서도 군의 구상이 너무 지나치다는 반응을 보였던 것입니다.

이러한 반대에 대해, 육군은 단순히 군의 의견 중 하나에 불과하다는 식의 대응을 보임으로써 사건은 확대되지 않고 흐지부지 끝나버렸습니다. 이에 황도파 청년 장교들은 통제파를 불신, 독자적인 행동에 나섬으로써 2.26 쿠데타라는 엄청난 사건이 발발하게 됩니다. 2.26 사건은 그 규모 면에서 이전의 사건들과 달랐습니다.

이전의 5.15 사건 또는 그 밖의 사건들은 소수의 몇몇이 일으킨 사건에 불과했습니다. 그러나 2.26은 하급 병사들까지 무려 1천 5백 명에 이르는 병사가 참가한 대규모 쿠데타였습니다. 피해자 또한 총리, 대장 대신 등의 정부 측 인사들뿐 아니라 시종장과 같은 천황 측근에 있는 인사들까지 공격대상이 되었습니다. 쿠데타 세력은 자신들이 원하는 잠정 내각을 만들어 군부가 국가를 개조하겠다는 구상도 갖고 있었습니다.

그러나 잠정 내각을 만들어 군부가 국가개조를 주도하겠다는 군부의 구상은 그대로 진행되지 않았습니다. 왜냐하면, 이 사건의 보고를 받은 천황이 격노, 잠정 내각의 구성 없이 반란군을 신속하게 진압할 것을 명령했기 때문이었습니다. 잠정 내각의 구성 없이 사건을 종식한다는 방침으로 반란군의 계획은 실패로 끝났습니다. 사건 후 열린 군사재판에서 청년 장교들은 거의 총살을 당했습니다.

3) 군국주의로의 길

2.26 사건 이후 내각(岡田啓介 內閣)은 총사퇴하고 새로운 내각(廣田弘毅 內閣)이 출범합니다. 그러나 새로운 내각이 출범하였음에도 불구하고 군부의 영향력은 여전히 강했습니다. 이는 다음과 같은 몇 가지 측면에서 살펴볼 수 있습니다. 첫째, 새 내각에서는 현역 군인만이 육군 대신, 해군 대신이 될 수 있게 하는 제도(군부대신 현역무관제)를 부활시켜 군인들이 정치(내각 구성)에 개입할 수 있는 결정적 수단을 군에 쥐어주게 됩니다.[15] 실제로 사건 후 육군은 새 내각의 조각에 노골적으로 개입하여 군비증강을 강하게 요구합니다.

둘째, 새 내각은 독일과 방공협정을 체결합니다. 이는 이후 일본, 독일,

이탈리아의 삼국동맹으로 이어지게 됩니다. 셋째, 2.26 사건으로 영향력을 상실한 황도파를 대신하여 통제파가 육군을 장악하게 됩니다. 당연하게도 향후 전쟁의 방향도 소련이 아니라 중국을 타격하여 굴복시킨다는 방향으로 나아가게 됩니다.[16] 즉 소련의 진출에 대비하여 북쪽을 지키면서 남쪽으로 진출한다는 소위 '북수남진(北守南進)' 정책입니다. 두말할 필요도 없이 이는 곧 미국, 영국과의 충돌을 의미합니다. 결국, 새 내각은 군부의 영향력을 제거하고 새로운 체제를 정비해야 했음에도 불구하고 오히려 군부의 압력에 굴복함으로서 이후 일본이 군국주의로 나아가는 길을 만들었다고 할 수밖에 없습니다.

한편, 이 시기에는 군수산업 부문으로 진출한 신흥재벌들이 군부와 유착하여 주도적 역할을 하게 됩니다. 즉 기존의 재벌이 군수산업 부문으로의 진입을 주춤거리는 틈을 타 군부와 유착한 신흥재벌이 등장, 이들이 중화학공업에서 주도적 역할을 하게 되는 것이지요.[17] 더 나아가 군부는 언론을 겁박하여 국민 여론을 전쟁 쪽으로 몰고 갔습니다. 테러뿐 아니라 '불온문서 취급법'과 같은 법을 통하여 반정부적이거나 반군부적인 태도는 즉각 처벌을 받는 상황이 됩니다. 즉 군에 부정적이거나 반정부적 태도에 재갈을 물림으로써 2.26 사건 이후 일본은 정부와 군대뿐 아니라 사회 전체가 급격히 군국주의의 길로 나아가게 됩니다.

8.4. 전쟁과 일본의 자본주의

이제까지 청일전쟁, 러일전쟁, 그리고 만주 사변을 거쳐 일본 사회 전체가 군국주의화되는 과정을 살펴보았습니다. 그러면 이 과정에서 일본의 경제적 상황은 어떠했을까요? 일본이 본격적으로 중국 침략에 나섰던 배경에는 당시 일본 경제가 갖고 있었던 구조적 문제점도 결코 간과할 수 없습니다. 이에 대해서 간략하게 살펴보도록 하겠습니다.

1929년 미국 월가의 주식시장 대폭락으로 전 세계에 대공황이 시작되었습니다. 이듬해인 1930년에는 이 여파가 일본에 미치게 됩니다. 중소기업의 도산, 대기업의 인원 감축으로 인한 실업자 급증, 임금 삭감이 나타났습니다. 불황으로 인한 국민의 구매력 감소로 디플레이션이 발생하였습니다. 그리고 이는 기업의 수익 악화와 도산, 소상공인의 파산으로 이어졌습니다. 이를 소위 '쇼와 공황(昭和恐慌)'이라고 합니다. 이 공황은 이후 만주 사변에서 아시아·태평양전쟁에 이르는 '15년 전쟁'의 계기가 되었습니다. 불황탈출을 중국대륙과 동남아시아에 대한 침략으로 해결하려고 했던 것입니다.[18]

앞서 언급한 바와 같이 메이지 유신 이후 권력을 장악한 메이지 신정부는 봉건제도 타파와 자본주의 국가 건설이라는 과제를 달성하기 위하여 여러 가지 제도개혁과 경제정책을 추진하였습니다. 그리고 이는 강력한 절대권력이 뒷받침된 정부 주도로 이루어졌습니다. 이의 결과 메이지 이후 일본은 절대적 권력과 자본주의의 공존이라는 구조를 갖게 되었습니다. 이러한 구조 속에서 절대적 권력을 장악하게 된 것은 군부였으며, 이것이 가능했던 것은 계속된 전쟁과 쿠데타였습니다.

계속된 전쟁과 쿠데타로 군부의 영향력이 절대적으로 커지면서 일본은 군사적 침략주의로 나아가게 됩니다. 즉 일본의 자본주의는 산업혁명을 수행하던 초기부터 이미 제국주의적 성향을 강하게 띠면서 전개되었음을 알 수 있습니다. 자원 부족과 시장협소라는 국내적 조건, 동아시아에서 벌어지고 있던 열강들의 각축이라는 국제적 조건 속에서 일본 자본주의는 초기부터 제국주의적 대외팽창을 지향하였던 것입니다. 청일·러일 양 전쟁은 일본 제국주의의 강력한 표현이었습니다. 두 번의 전쟁으로 제국의 건설은 완성되었습니다.

러일전쟁 이후의 일본은 제국을 경영하는 시기에 진입하게 됩니다. 그리고 이러한 제국 경영은 제1차 세계대전, 만주 사변, 중일전쟁을 거치면서 국가 전체가 군사화되어 갔던 것입니다. 정치는 군부가 장악하였습니다. 야당과 언론도 일본의 대외전쟁을 적극 지지하며 찬양하는 모습을 보였습니다. 반정부적인 언론 활동은 엄격하게 통제되었습니다. 모든 제도가 전쟁과 군비증강을 위해 움직이고, 모든 정책이 전쟁 승리를 위해 입안되고 추진되는가 하면, 언론이 전쟁을 옹호하고 부추기는 전쟁국가의 길로 들어선 것입니다.

당연한 결과이기는 하지만 경제적 측면에서도 전쟁은 일본 경제에 큰 영향을 미쳤습니다. 우선 전쟁을 위한 막대한 군사비 지출이 경제활동을 자극하여 투자와 생산력을 크게 확대하는 양상을 보였습니다. 그러나 자본 축적이 취약한 상황에서 막대한 군사비는 전시 중에 발행된 공채에 의해 조달되었습니다. 즉 자본이 없었던 일본은 외자도입을 통해 이를 해결할 수밖에 없었던 것입니다. 외화는 청일전쟁의 경우 배상금으로, 러일전쟁의 경우 외채발행으로 조달했습니다.[19]

중국은 배상금을 조달하기 위하여 유럽 국가들로부터 차관을 도입할 수밖에 없었습니다. 그리고 그 대가로 중국은 이들 국가에 각종 이권을 제공할 수밖에 없었습니다. 이는 바로 중국의 식민지화를 초래하게 됩니다. 청일전쟁의 배상금으로 일본은 해군력을 강화할 수 있었으며, 전 국민의 의

무교육을 실시할 수 있게 되었습니다. 러일전쟁 중에 도입된 외자는 일본의 군비 확장과 중공업 발전에 매우 중요한 역할을 하였습니다.

대규모의 군사적 지출은 군수산업에 대한 수요확대를 야기함으로써 경제를 자극하였습니다. 요컨대 청일전쟁 이후 배상금을 포함하여 도입된 거액의 외자는 일본 경제발전의 중요한 계기가 되었던 것입니다. 여기서 중요한 것은, 외자가 제국주의적 팽창을 위한 전쟁 수행을 위해 도입되었다는 사실입니다.[20] 즉 군비 확장, 전쟁, 제국주의적 팽창이 외자도입에 의해 뒷받침되면서 추진되었다는 것이지요.

9

전선의 확대와
중일전쟁

청일전쟁과 러일전쟁을 통하여 일본은 조선과 만주에 대한 지배권을 장악하는 데 성공했습니다. 특히 러일전쟁에서 승리한 일본은 비서구 국가 중 유일하게 제국주의 국가로 부상하는 데 성공했습니다. 그리고 동아시아 각지를 침략해 들어가게 됩니다. 가장 먼저 침략한 곳이 한반도와 만주라는 것은 이미 앞에서 살펴보았습니다. 이제 일본의 칼끝은 중국 본토를 향합니다. 그렇다면 당시 중국은 어떤 상황이었을까요? 일본의 움직임을 살펴보기 전에 당시 중국의 상황에 대해 간략하게 살펴보면서 이 장을 시작하도록 하겠습니다.

9.1. 시안 사건(西安事件), 루거우차오 사건(蘆溝橋事件)

중국과 일본 사이의 대립이 전면적으로 확대된 것은 1937년 7월의 루거우차오 사건을 계기로 해서였습니다. 그러나 루거우차오 사건 이전에 중국에서는 제2차 국공합작(國共合作)이 맺어지게 됩니다. 이의 배경으로, 1936년 발발했던 시안 사건에 대해 간략히 살펴보도록 하겠습니다.

1) 시안 사건(西安事件)

당시 중국의 주요 정치세력으로서는 국민당과 공산당이 있었습니다. 양 세력은 신해혁명 이후 각지의 군벌을 타도하기 위하여 힘을 합치게 되는데 이것이 제1차 국공합작(1924.1-1927.7)입니다. 당 대 당의 합작이 아니라 공산당원이 당적을 보유한 채 개인의 자격으로 국민당에 입당하는 형식을 취했던 것이지요. 이후 군벌 타도는 어느 정도 해결되었습니다. 그러나 국민당의 장제스는 이 과정에서 공산당의 영향력이 점점 커지는 것을 경계하게 됩니다. 이에 장제스(蔣介石)는 쑨원이 사망(1925년)하자 그의 연소용공정책(聯蘇容共政策)을 거부하고 반공 정책으로 선회하게 됩니다.

1927년 4월, 상하이에서 국민당이 공산당을 기습하여 공산당원을 살해하는 사건이 발발합니다. 소위 '4.12쿠데타'입니다. 이에 중국공산당은 국공합작의 결렬을 선언하고 도시를 떠나 농촌 지역에서의 세력 확장에 주력하면서 국민당 정부와 대립하게 됩니다. 이후 1936년 시안 사건으로 제2차 국공합작이 이루어질 때까지 10년간에 걸친 국공내전이 전개되었습니다. 그렇다면 시안 사건이란 과연 어떤 사건일까요?

장제스는 공산군을 토벌하기 위해 수차례에 걸친 대규모 공격을 감행합니다. 이를 '소공전(掃共戰)'이라고 합니다. 대규모 소탕전은 1930년부터 1934년에 걸쳐 5차례 실시되었습니다. 당시 공산당은 강서(江西)성의 농촌 지역을 중심으로 소비에트를 구축하여 세력을 키우고 있었습니다. 장제스의 계속된 공격에 맞서 중국공산당은 결국 강서성 서금(瑞金) 지역을 포기하고 도망길에 나서게 됩니다. 이것이 그 유명한 '대장정(大長征)'입니다.

중국의 11개의 성을 거치면서 약 1만 2천 킬로미터에 달하는, 거의 1년 (1934/10-1935/11)에 걸친 행군이었습니다. 출발할 때 10만여 명에 이르던 홍군 병력은 도착할 때는 고작 8천 명밖에 남지 않았다고 합니다. 더군다나 추격해 오는 장제스의 국민당군과 계속 싸우면서 18개의 산맥을 넘고 24개의 강을 건너는 험난한 여정이었습니다. 대장정 도중에 마오쩌둥은 중국공산당의 실질적인 지도자로 부상하게 됩니다.[1] 그리고 그의 지휘하에 마지막으로 도착하여 근거지로 삼았던 곳이 몽골과 가까운 섬서(陝西)성, 영하회족(寧夏回族) 자치구, 감숙(甘肅)성 지역이었습니다. 여기서 공산당은 국민당군과 대치하게 됩니다.

장제스의 국민당군과 마오쩌둥의 중국공산당이 대립하고 있다고 하지만 중국공산당은 매우 어려운 상황에 있었습니다. 이 지역의 국민당군 책임자는 장쉐량(張學良, 동북군 총사령관)과 양후청(楊虎城, 서북군 총사령관)이었습니다.[2] 이 와중에 중국공산당이 내걸었던 것이 일본의 침략에 대항한 국공합작의 제의였습니다. 장제스는 "먼저 중국공산당을 소탕하고 일본의 침략에 대응한다(先安內後攘外)"라는 입장을 견지하고 있었습니다.

이에 대하여, 중국공산당은 "내전중지, 일치항일(內戰中止一致抗日)"을 주장했던 것이지요. 여기서 장쉐량은 중국공산당의 입장에 동조, 장제스의 명령을 무시하고서 중국공산당에 대한 공격을 중지한 것입니다. 이에 장제스는 공격을 독려하기 위하여 직접 시안으로 날아갔습니다. 그러나 장쉐량은 이에 반발, 오히려 장제스를 감금하고 중국공산당의 주장을 받아들일 것을 요구합니다. 이것이 시안 사건입니다

중국공산당의 중재로 목숨을 건진 장제스는 그들의 요구를 받아들이게

되고 제2차 국공합작이 성립됩니다. 시안 사건은 일본의 침략 이후 중국의 주요 세력이 뭉친 최초의 사건이었습니다. 이 사건으로 그동안 중국에서 나타났던 민중 사회 수준에서의 많은 반일운동이 비로소 국가적 차원의 항일민족주의로 나타났다고 할 수 있을 것입니다.

이후 중일전쟁이 진행되는 동안 중국은 대체적으로 세 지역으로 나뉘어지게 됩니다. 일본군에 점령당한 지역, 국민당이 통치하는 대후방 지역, 그리고 중국공산당의 지배하에 있는 해방구입니다. 일본군에 점령당한 지역(윤함구, 淪陷區)은 해안과 가까운 지역을 중심으로, 국민당이 통치하는 지역은 중국 본토의 내륙 지역, 그리고 중국공산당이 장악한 지역은 섬·감·령(陝·甘·寧) 근거지를 중심으로 한 지역이었습니다.[3]

이들 각 지역은 일본군과 국민당, 그리고 중국공산당이 각각 서로 다른 정권을 수립하여 전쟁을 지원하는 체제를 갖추고 있었습니다. 그리고 각종 정책을 실시하면서 자신들만이 중국 인민의 참다운 이익을 대변한다고 주장하고 있었던 것이지요. 물론 이들 지역의 통치 범위는 전쟁의 추이와 더불어 확대되거나 축소되었지만, 중일전쟁이 종결될 때까지 존속하면서 서로 경쟁, 대립하였던 것입니다.

이상에서 살펴본 것이 당시 중국의 대략적인 상황입니다. 정리하면 다음과 같습니다. 당시 조선은 이미 일본의 식민지였습니다. 1931년, 일본은 만주 사변을 일으켜 만주를 점령하였습니다. 이듬해인 1932년에 괴뢰국인 만주국을 수립하여 청나라의 마지막 황제 푸이(溥儀)를 황제로 옹립합니다. 거침없는 일본 군부의 움직임은 이제 중국 본토를 향하고 있었습니다. 그러나 중국은 청나라의 붕괴 이후에도 각지의 군벌, 그리고 국민당 정부와 공산당으로 나뉘어 여전히 혼란한 상황에 빠져 있었습니다. 이와 같은 동북아의 전체적인 그림을 머리에 넣고서 이제 일본의 움직임에 대해서 살펴보도록 하겠습니다.

2) 루거우차오(盧溝橋) 사건과 중일전쟁

1937년 7월 7일 밤, 중국 베이징 남서부 외각의 루거우차오(盧溝橋)에서 일본군과 중국군 사이에 총격전이 벌어지게 됩니다. 당시 중국 국민당군과 일본군은 더 이상의 충돌을 피하려고 9일 정전협정을 맺습니다. 그러나 10일 들어 일본군 연대장[4]의 단독명령으로 공격이 이루어지게 됨으로써 중일전쟁은 사실상 시작되게 됩니다. 일본 정부는 애초 불확대방침을 밝혔음에도 불구하고 3개 사단 동원을 결정하였습니다. 군부 내에서도 확대파와 불확대파가 격렬히 대립하는 와중에 전선은 확대, 28일에 베이징과 톈진에 대한 총공격이 시작되어 전면전으로 확대되게 됩니다.

상하이에서 시작된 전투는 일본이 군대를 증강하면서 전면전으로 확대되었습니다. 국민당 군과의 전투는 이들이 패퇴하는 경로를 따라 난징을 공략하게 됩니다. 여기서 유명한 '난징대학살'이 벌어지게 됩니다. 전후 도쿄재판에서 중국 측은 3십만이 학살당했다고 주장했습니다. 물론 일본 측은 그렇게 많은 사람이 죽은 것은 아니라고 반박하고 있습니다.

그러나 무자비한 살육과 강간, 약탈이 벌어졌던 것에 대해 부정은 하지 않고 있습니다. 난징대학살에 대한 피해자의 숫자를 정확하게 알기는 사실 어렵겠지요. 그러나 숫자의 경중과는 별개로 당시 일본 군대의 군기가 매우 문란했을 뿐 아니라 행위 또한 매우 잔학했다는 점에서는 당시의 여러 기록에서 나타나고 있습니다.

남쪽에서의 전투가 국민당 군과의 사이에 벌어졌던 데 비해, 북쪽 화북 지역에서는 중국공산당과의 사이에 전투가 벌어지게 됩니다. 일본군에 비해 전력이 약했던 공산당 군이 취했던 전술은 지구전과 게릴라전입니다. 지구전(持久戰)과 게릴라전은 마오쩌둥이 이끌었던 중국공산당 군대, 즉 홍군(紅軍)의 주요한 군사전략입니다.

지구전은 기동전과는 반대되는 의미로서 전력상의 열세를 시간으로 극복하려는 전술이라고 할 수 있습니다. 즉 직접 부딪혀서는 이길 수 없는 상대를 시간을 질질 끌어서 지치게 하여 적의 전력을 소모시키거나 약화시킨 다음 공격한다는 것이지요. 직접 전투를 치르지는 않지만, 적의 전력을 약화시키기 위한 방법으로 사용되는 것이 게릴라전입니다.

당시 중국공산당을 이끌고 있었던 마오쩌둥이 주장한 게릴라전의 원칙은, 적진아퇴(敵進我退, 적이 공격하면 퇴각하라), 적거아요(敵據我擾, 적이 주둔하면 소요를 일으켜라), 적퇴아추(敵退我追, 적이 후퇴하면 추격하라)와 같은 원칙들에서 잘 나타나고 있습니다. 나아가 홍군은 주민들에게 집을 비울 때 식량과 음료를 감출 것을 철저히 교육시켰기 때문에 일본군은 매우 힘든 싸움을 할 수밖에 없었습니다. 당연하게도 이러한 전투는 중국 민중들과의 협조가 전제되어야만 합니다.

마오쩌둥은 인민과 홍군의 관계를 '물과 물고기의 관계'에 비유하고 있습니다. 당연하게도 물(중국 민중)이 없으면 물고기(홍군)가 살 수 없겠지요. 따라서 중국공산당은 아무리 어려운 상황에서도 인민들에게 그 어떠한 피해도 입히지 말 것을 지시하고 있습니다.

9.2. 수렁에 빠진 전쟁

1) 중국과의 장기전

국민당 군과의 전투는 대규모 기동전, 공산당 군과의 전투는 지구전과 게릴라전이라는 형태로 전개되었기 때문에 일본군과 중국군의 지배 지역은 자연스럽게 나뉘게 됩니다. 해변과 가까운 지역과 도시, 그리고 도시들을 연결하는 교통로 지역은 일본군이 장악하게 됩니다. 반면 양쯔강을 따라 있는 내륙 지역의 도시(우한, 충칭)에는 국민당군이, 그리고 농촌, 산악 등과 같은 곳에서는 홍군이 장악하게 되겠지요. 즉 점(도시)과 선(교통로)은 일본군이 장악하고 있었지만 이를 둘러싼 주위는 모두가 적이었던 것입니다.

1937년 말, 일본은 난징을 함락시켰지만 그래도 전쟁은 끝나지 않았습니다. 국민당 군은 패퇴하면서도 수도를 한커우(漢口)로 옮기면서 계속 전투를 수행했습니다. 북부의 홍군 또한 게릴라전의 형식으로 전투를 계속하고 있었습니다. 끝없는 소모전을 계속할 수 없었던 일본 정부와 군부에서는 중국과의 사이에 전쟁을 끝내려는 움직임도 있었습니다. 대표적으로 당시 중국에 주재하고 있었던 독일대사 트라우트만이 장제스와 일본군 사이를 중재하는 안을 제시한 적이 있었습니다.

그러나 당시 일본 정치권(고노에 후미마루 총리)에서 이를 거부함으로써 1938년 1월, 이 공작은 결렬되었습니다. 나아가 고노에는 장제스의 국민당 정부를 협상 상대로 인정하지 않겠다는 성명을 발표합니다. 즉 국민정부를 상대하지 않고 장제스와 대립 관계에 있던 왕징웨이(汪精衛, 汪兆銘)를 내세워 괴뢰정권을 수립, 그 정권과 대화를 하겠다는 것이지요. 그러나 이러한 결정을 함으로써 일본은 점점 더 전쟁의 수렁에 빠지게 됩니다.

1938년 10월, 일본군은 드디어 우한(武漢)도 함락시킵니다. 그러나 장제스는 더 내륙 지역인 충칭(重慶)으로 퇴각하여 전투를 계속합니다. 중국 지도를 보면 난징과 우한, 충칭 순으로 계속 내륙으로 들어감을 알 수 있습니다. 일본군이 이렇게 내륙 안쪽으로 계속 들어가게 되면 보급선이 매우 길어지게 됩니다. 따라서 선(교통로)에 대한 안전이 위험해지게 됩니다. 교통로가 공격을 받게 되면 일부 도시만 점령한 상태가 되는 것이지요.

이렇게 보급선이 길어지면서 일본군은 점점 전쟁에서 빠져나오기 힘든 상황에 처하게 됩니다. 결국, 전선이 확대되면서 뚜렷한 결과도 없이 전쟁은 장기전으로 나아가게 됩니다. 이렇게 되자 일본 국민들 사이에서는 전쟁에 대한 불만, 정부에 대한 비판이 나오기 시작했습니다. 이 시점에서 일본 정부로서는 장제스의 국민당 군과 협상을 하여 전쟁을 빨리 끝내는 것이 최선이었습니다. 그러나 일본 정부는 장제스와의 협상을 거부하고 다른 방법을 찾게 됩니다. 바로 중국을 후방지원하고 있던 미국과 영국을 상대로 한 전쟁입니다.

이상에서 일본 육군이 중국에서의 전면전으로 빠져들어 가는 상황을 살펴보았습니다. 그렇다면 일본 해군의 상황은 어떻게 돌아가고 있었을까요?

2) 해군 내 대미강경파의 부상

앞에서 언급한 바와 같이 1930년 런던 해군 군축조약을 둘러싸고서 해군 내부에서는 분열이 일어나고 있었습니다. 국제협력을 중시하는 그룹과 그렇지 않은 그룹입니다. 전자는 당연하게도 미, 영과의 협력을 중시합니다. 반면, 후자는 미, 영이 주도하는 조약과 상관없이 함대를 정비하여 실력을 기르자고 주장합니다. 전자를 조약파, 후자를 함대파라고 합니다. 당시의 해군은 함대파, 즉 미국과 영국에 대해 강경한 입장을 취하는 인사들이 다수를 점하고 있었습니다.

군축회의에서 탈퇴해야 한다는 의견이 다수를 점하게 되면서 해군의 분위기는 초거대전함을 건조해야 한다는 방향으로 나아가게 됩니다. 일반적으로 군함의 주포 사거리를 늘리기 위해서는 전함의 길이와 폭도 늘어날 수밖에 없으며, 따라서 초거대전함 건조를 구상하게 되었던 것입니다.[5] 이러한 구상의 등장과 함께 미국, 영국과의 관계도 과거와는 다른 양상으로 나아가기 시작합니다.

일본이 메이지 유신 이후 근대화에 성공할 수 있었던 데에는 서구의 과학과 기술을 적극적으로 수용한 당시 지도자들의 역할이 물론 가장 중요했습니다. 그러나 당시 일본에 대한 미국과 영국의 우호적인 태도 또한 매우 중요했습니다. 애초 일본의 문호개방을 요구했던 미국의 경우 당시 다른 제국주의 국가들과는 달리 일본과 자유로운 무역을 중시했습니다.[6] 영국 또한 일본과 불평등조약을 맺기는 했지만, 러시아의 남하 정책을 견제하기 위하여 일본과 동맹을 맺어 전함 건조 기술 등 많은 도움을 주었습니다.

사실 일본이 러일전쟁에 이길 수 있었던 것도 영국과 미국의 지원 덕분이었습니다. 이런 측면에서 보게 되면 일본은 영국, 미국이라는 해양세력과 협력하면서 국가의 발전을 도모해 왔다고 할 수 있을 것입니다. 그러나 영국과 미국이 주도한 2개의 군축조약, 즉 워싱턴 군축조약(1922)과 런던 군축조약(1930)으로 영국, 미국에 대한 일본의 태도는 변화를 보이기 시작합니다.

워싱턴 군축조약을 맺을 때 미국은 영일동맹(1902-1923)의 폐기를 요구했습니다. 애초 미국은 이 조약이 중국을 개방시키고 러시아를 견제하는 데 도움이 될 것으로 판단하여 호의적 태도를 보였습니다. 그러나 러일전쟁 후 만주에서 일본의 영향력이 확대되었을 뿐 아니라 일본의 경제적, 군사적 성장이 미국에 점점 위협적인 움직임으로 나타나게 되면서 일본에 대한 미국의 경계심이 고조됩니다. 러일전쟁 후 미국으로 오는 일본인 노동자가 급격하게 증가하게 되자 미국의 경계심은 한층 고조되었습니다. 이들의 이민을 제한하는 법이 미국 서부, 특히 캘리포니아에서 시작되어 연방의회에서도 통과하게 되자(1924년) 양국 간 갈등은 한층 고조되었습니다.

영국과의 관계 또한 제1차 세계대전 이후부터 조금씩 균열 조짐이 나타나기 시작했습니다. 1938년 9월 해군 군령부가 정리한 〈대영 감정은 왜 악화되었는가?〉라는 글에서는 일본 해군이 영국을 불신하는 이유에 대하여 다음과 같은 분석을 하고 있습니다. 첫째, 제1차 세계대전에서 영국은 일본을 마음껏 이용하고 전후 처리에서 일본을 완전히 배제했다. 둘째, 영국은 중국이나 네덜란드령 인도네시아, 그 외의 아시아 국가들을 배후에서 지원하여 반일운동을 부추기고 있다. 마지막으로, 자국(영국)의 식민지 정책과는 다르게 일본의 식민지 정책을 침략이나 부정행위라고 비난하면서 세계의 여론을 반일로 몰아가고 있다. 특히 영국이 중국을 지원함으로써 일본이 중국과의 전쟁에서 어려움을 겪고 있다는 것이었습니다.[7]

물론 이와 같은 해군의 전반적인 분위기와 정책에 대해 우려하는 해군 인사들도 있었습니다. 해군 대신과 함대사령관을 역임했던 요나이 미쓰마사, 야마모토 이소로쿠 등이 대표적인 인물들이었습니다. 이들은 당시 일본의 국력으로 영국이나 미국과는 충돌해서는 안 된다는 생각을 하고 있었습니다. 그럼에도 불구하고 육군과 마찬가지로 해군에서도 대영미 강경론이 점차 지배적으로 자리 잡게 되었습니다.

3) 대동아공영권과 전선의 확대

2.26 사건으로 통제파가 육군을 장악하여 중일전쟁이 전면화하고, 해군에서도 대영미 강경론이 점차 대세를 점하게 되면서 일본은 한층 전쟁으로 나아가게 됩니다. 1938년 3월 국가총동원법이 국회를 통과하여 전쟁을 위해 국가의 모든 자원을 동원할 수 있는 제도가 마련되었습니다. 국민을 징용할 수 있을 뿐 아니라 임금도 통제할 수 있게 되었습니다. 나아가 물자의 생산, 보급, 소비 등도 통제할 수 있게 되었습니다.

이 법으로 국가가 총력전을 수행하기 위해 모든 자원을 통제할 수 있게 되었습니다. 〈육군 팸플릿〉(1934년)에서 나타났던 국가총동원 체제가 사실상 가능하게 된 것입니다. 그리고 아시아 지역을 침략하기 위한 이데올로기 작업으로 나온 것이 11월의 〈동아신질서(東亞新秩序) 성명〉입니다.

메이지 이후 일본이 노력했던 것은 서구를 따라잡자는 것이었습니다. 서구와 같은 근대화, 유럽에서 나타난 국제법을 준수하면서 유럽이 만드는 국제질서를 따랐던 것이 일본의 모습이었습니다. 일본이 워싱턴 체제에 참가하여 군축 합의를 받아들인 것 또한 이의 일환이었습니다. 그러나 〈동아신질서 성명〉을 발표함으로써 일본은 이제까지 유럽과 미국이 만든 국제질서와는 다른 질서를 추구하겠다는 선언을 한 것입니다. 아시아 지역에서는 일본이 지도자가 되어 신질서를 만들겠다. 따라서 영국이나 미국은 쓸데없는 간섭을 하지 말라는 것이지요.

이 구상은 당시 서구 제국주의 국가들의 식민지였던 아시아 국가들의 해방이라는 논리로 발전하게 됩니다. 성명은 11월 고노에 내각에서 발표되었지만 이후 육군과 해군뿐 아니라 매스컴까지 동원하여 전개되었습니다. 이제 〈대동아공영권(大東亞共榮圈)〉은 서구에 대한 일본의 전쟁을 정당화하는 논리가 되었습니다. 이 무렵부터 일본은 영미 협조주의와는 결별하는 움직임으로 나아가게 됩니다.

한편 이러한 주장은 서구의 식민지에 대항하여 독립투쟁을 전개하고 있던 동남아 독립세력들의 지지도 받았습니다. 일본의 주장이 동남아 각국의 독립세력을 서구와의 전쟁에 이용하기 위한 구호에 불과할 뿐이라는 것을 몰랐기 때문이지요. 실제로 일본군이 한 역할은 서구세력을 일본으로 대체한 것뿐이었습니다. 여전히 식민상태에서 지배자만 서구에서 일본으로 바뀐 것이지요. 일본에 속은 것입니다. 따라서 초기에 일본군에 협력적이었던 현지의 독립투쟁세력은 이후 서구를 대신하여 지배자가 된 일본군을 상대로 다시금 반일투쟁에 나서게 됩니다.

9.3. 영미(英美)와의 갈등

1) 삼국동맹

영, 미와의 관계가 벌어지기 시작하던 이 시기에 독일이 일본과의 군사동맹을 제안합니다. 즉 이전에 일본과 맺었던 방공협정을 강화하여 이탈리아와 함께 삼국 군사동맹으로 발전시키자는 것이지요. 이에 대해 육군과 해군은 다른 입장을 보였습니다. 우선 육군은 대일 강경정책을 취하고 있는 영국, 미국에 대항하기 위해, 나아가서는 소련에도 대항하기 위해 이 동맹에 찬성하는 입장이었습니다.

해군도 이 동맹에 찬성하는 입장이었지만 내부로부터의 반발도 거세게 나타났습니다. 당시 해군을 장악하고 있었던 세력은 런던군축회의에 반대했던 소위 함대파라는 대미강경파였습니다. 따라서 이 동맹에 찬성이었습니다. 그럼에도 불구하고, 해군이 과거부터 일관되게 견지하고 있었던 영미 협조주의를 고수하는 세력도 완강하게 남아 있었습니다.

원래 일본 해군은 메이지 이후 근대화 과정에서 영국 해군으로부터 많은 것을 배우면서 발전해 왔습니다. 거의 모든 군함을 영국으로부터 도입했을 뿐 아니라 기술 또한 영국으로부터 배웠습니다. 러일전쟁도 영국의 도움이 있었기에 이길 수 있었습니다. 그러나 앞서 언급한 바와 같이 제1차 세계대전 이후 영국과의 관계가 소원해지면서 일본 해군 내에서 대영 강경론을 주장하는 인사들의 영향력이 커졌습니다. 그럼에도 불구하고 해군에 여전히 영향력을 갖고 있었던 인사들은[8] 완강하게 뜻을 굽히지 않았습니다.

이러한 상황에서 발발한 것이 톈진 사건입니다. 사건 자체는 간단합니다. 일본이 소유한 은행의 중국인 관리자가 중국인에게 암살당한 것입니다. 영국의 조계지 안에 살고 있었던 이들 중국인의 신병 인도를 둘러싸고서 벌어진 사건이지요. 일본은 이들의 인도를 영국 측에 요구했으나 거절당하자 영국 조계지를 봉쇄해버린 사건입니다. 겉으로 보기에는 사소한 행정적 논쟁이 결국 커다란 외교 사건으로 발전한 것입니다.

그러나 그 이면을 살펴보면, 국민당 정권을 지원하고 있었던 영국에 대한 일본의 불만이 표출된 사건이었습니다. 결국, 영국은 일본 측 요구를 받아들여 4명의 용의자를 인도함으로써 사건 자체는 종결되었습니다. 그럼에도 불구하고 이 사건을 크게 다루기 시작한 일본 언론의 영향으로 일본 국내의 반영(反英) 분위기는 한층 고조되게 됩니다. 나아가 중국에 대한 영국의 지원도 중단시키지 못했기 때문에 육군 내에서도 반영감정이 격화되었습니다.

요컨대 톈진 사건으로 일본 국내여론뿐 아니라 군부 내의 여론 또한 반영(反英)과 친독(親獨)으로 급속히 기울어져 독·이·일 삼국동맹으로 치닫게 됩니다. 삼국동맹의 주된 내용은 이전과는 다른 신질서를 구축하는 데 있어서 서로의 주도권을 인정한다는 것입니다. 즉 유럽에서는 독일과 이탈리아, 그리고 아시아에서는 일본의 주도권을 인정한다는 것이지요.

2) 노몬한 사건과 남진정책

히틀러는 유럽에서 신질서를 구축하겠다고 주장하면서 체코, 폴란드 등 동유럽으로 세력을 확장해 갑니다. 이 시기에 동아시아에서 발발한 것이 노몬한 사건(1939/5-1939/8)입니다. 사건 자체는 간단합니다. 만주 서북부에 자리한 노몬한 주변의 초원 지역에서 일본 관동군과 극동 소련군, 몽골군이 격돌한 사건입니다. 이 지역에서는 이전부터 애매한 국경을 둘러싸고서 양측 사이에서 우발적인 충돌이 잦았습니다.

당시 일본 본국에서는 소련과의 전쟁을 매우 경계하여 관동군에 소련과의 충돌에 주의할 것을 지시한 상태였습니다. 이런 상황에서 충돌이 벌어진 것입니다. 관동군은 본국의 반대에도 불구하고 전투를 확대해 나감으로써 전투는 점점 크게 확대되었습니다. 결과적으로 양측 모두 거대한 사상자를 내었습니다. 일본 측은 제23사단의 약 7할이 사상을 당함으로써 이 사단이 없어졌는가 하면, 소련과 몽골 측 또한 이 못지않은 사상자를 배출했습니다.

양측 모두의 커다란 피해에도 불구하고 국경선 책정은 소련과 몽골 측이 원하는 대로 되었기 때문에 전쟁 결과는 일본의 패배라고 할 수밖에 없었습니다. 그러나 패배 못지않게 중요한 것은 이 사건이 이후 관동군의 전략에 커다란 영향을 미치게 되었다는 것입니다. 즉 이 사건 이후 관동군 내부에서는 소련을 향한 북진이 아니라 중국대륙을 향한 남진 정책을 추진하게 됩니다.

일본이 남진 정책으로 돌아선 배경에는 극동 소련군의 전력이 예상외로 강하다는 점 외에 독소 간에 전격적으로 맺어진 불가침조약이 있었습니다. 즉 중일전쟁의 와중인 1939년 8월 독일과 소련 간에 독소불가침조약이 전격적으로 맺어졌습니다. 이에 독일과 함께 소련을 공격한다는 일본의 구상은 어렵게 되었습니다.

독소불가침조약과 함께 노몬한전쟁에서의 패배로 일본은 공산주의를 저지하는 방공북진(防共北進) 정책을 포기하고 남진 정책으로 선회한 것입니다. 이 구상을 실현하기 위해서 일본은 40년 9월 독일, 이탈리아와 삼국동맹을 체결하였으며 소련에 중립조약의 체결을 제안합니다. 이의 결과 소련과 일본, 양국 간에는 중립조약(1941/4/13)이 체결되었습니다.

소련은 이미 독일과의 사이에 불가침조약을 체결(1939/8)한 상태였습니다. 그럼에도 불구하고 일본과의 중립조약 체결 약 2개월 후인 1941년 6월, 독일과 소련 사이에 전쟁이 시작되었다는 것은 국가 간 약속이 얼마나 휴짓조각인지를 여실히 보여주고 있습니다. 실제로 당시 마쓰오카(松岡) 외무상은 남진을 일시 연기하고 소련에 대한 전쟁을 시작할 것을 강하게 주장하기도 했습니다. 그러나 일본이 남진을 추진하고 미일 관계가 악화함으로써 소련과의 전쟁은 실현되지 않았습니다.

3) 영미와의 갈등과 중일전쟁의 장기화
톈진 사건에서 영국이 일본의 요구를 모두 받아들여 일본이 기뻐한 지며칠 뒤 미국은 미일 통상항해조약의 폐기(1939/7)[9]를 일본에 통보합니다. 조약의 폐기로 미국은 일본에 대한 물자 공급을 언제든지 중지할 수 있게 되었습니다. 이것이 일본에 미치는 충격은 컸습니다. 왜냐하면, 당시 일본은 석유, 고철 등 전쟁에 필요한 주요 물자의 반 이상을 미국으로부터의 수입에 의존하고 있었기 때문입니다. 노몬한 전쟁의 와중에 이루어진 미국의 통보는 일본의 반영미(反英美) 노선을 더욱 강화하는 계기로 작용했습니다.

그러면 왜 일본은 이전과는 다르게 영국, 미국과 계속 갈등 관계에 들어가게 되었을까요? 이것은 중국과의 전쟁이 가져온 결과라 할 수 있습니다. 영국과 미국은 중국의 각 도시에 커다란 경제적 권익을 갖고 있었습니다. 그래서 일본이 중국의 무역을 독점하는 것을 그냥 두고 볼 수는 없었지요. 따라서 미국과 영국은 중국을 계속 지원하고 있었던 것입니다.

1938년 12월에 이미 미국은 중국에 2천 5백만 달러의 차관을 제공했습니다. 일본군이 해안을 봉쇄했음에도 불구하고 중국은 홍콩 등을 통해 물자를 확보할 수 있었습니다. 중국에 대한 지원과는 대조적으로, 미국은 일본에 대해서는 항공기와 그 부품 수출을 금지했습니다(1939/1). 그리고 7월에 통상항해조약의 폐기를 통보했던 것이지요.

영국 또한 일본이 중국의 내륙 지역까지 점령하자 중국을 지원하기 위해 차관을 제공했습니다(1939/3). 그뿐만 아니라 광저우, 홍콩, 프랑스령 인도차이나와 같은, 소위 '원장(援蔣) 루트'를 통해 중국에 물자를 공급했습니다. 국민당의 장제스를 지원하는 루트라는 의미입니다.

독일과 소련 또한 이전부터 중국을 지원하고 있었습니다. 소련과 중국은 1937년 8월 불가침조약을 맺었습니다. 일본을 견제하기 위하여 소련은 중국에 전투기, 자동차, 대포, 기관총 등을 지원했을 뿐 아니라 소련인 조종사까지 보내어 중국을 지원했습니다.

중국과 소련이 군사적으로 교류하는 관계였다면 독일은 중국과 사업적으로 무기를 사고파는 관계였습니다. 물론 독일은 1938년 5월 만주국을 승인하며 명확히 일본 편을 들었습니다. 그러나 이 일이 있기 전까지 독일은 중국에 많은 무기를 팔던 국가였습니다. 중국은 필요한 무기를 구입하고 독일이 원하던 텅스텐 같은 자원을 독일에 보냈던 것이지요.

이상에서 살펴본 바와 같이 중일전쟁에 돌입하면서 일본은 거의 모든 서방국가를 적으로 돌리게 되었던 것입니다.

4) 인도차이나 침공

중일전쟁이 장기화하면서 중국을 굴복시키기 위해서는 장제스의 국민당 군을 지원하는 원장(援蔣) 루트를 막아야 한다는 생각을 일본은 하게 됩니다. 이를 위해 인도차이나 지역에 비행장을 확보, 거기서 물자를 나르는 차량과 선박을 폭격하게 됩니다. 장제스 국민당 군에 대한 영국의 지원을 끊어야 한다는 생각을 하게 되었던 것이지요.

1940년 9월 일본은 북부 인도차이나에 진격해 들어갔으며, 이듬해인 1941년 7월에는 남부 인도차이나로 진격해 들어갔습니다. 즉 당시 프랑스령이었던 인도차이나에 대담하게 침략해 들어간 것이지요. 일본이 이처럼 대담하게 인도차이나로 침략해 들어갈 수 있었던 배경에는, 당시 인도차이나가 열강들의 세력이 미치지 못하는 힘의 공백 상태에 있었다는 점을 들 수 있습니다. 즉 인도차이나 국가들을 식민지로 갖고 있었던 열강들이 유럽에서의 전쟁으로 이 지역에 신경을 쓸 여유가 없었다는 점이지요.[10]

일본이 동남아로 진출한 또 다른 목적은 자원확보에 있었습니다. 중일전쟁이 장기화된다면 결국 미국과도 충돌할 수밖에 없다. 그렇다면 동남아의 자원을 확보하여 일본을 중심으로 한 자급자족경제권을 만들어야 장기전을 할 수 있다고 생각했던 것입니다. 이를 반영한 것이 바로 소위 '대동아공영권(大東亞共榮圈)'입니다. 앞서 언급한 바와 같이, 이는 1940년 7월 제2차 고노에 내각에서 나타났던 '대동아신질서(大東亞新秩序)' 구상을 발전시킨 것이었습니다.

이 구상은 두 가지 측면의 내용을 갖고 있습니다. 우선 일본이 갖고 있었던 실질적이고 경제적인 측면입니다. 이 지역에 풍부한 석유, 고무, 주석 등과 같은 자원들을 확보하여 일본을 중심으로 한 경제공동체를 구축, 미국과의 장기전에 대비하겠다는 것이지요. 두 번째는 이데올로기적 측면입니다. 이데올로기적 측면에서, 대동아공영권은 백인 중심의 서구 문명에 대항하는 아시아주의로서의 성격을 강조하고 있습니다. 제국주의 국가들을 이 지역에서 몰아내고 아시아 각국의 독립을 지원하겠다는 것이지요.

이러한 측면에서 동남아 각국의 독립세력들이 일본의 침략 초기에 일본군을 돕기도 했습니다. 그러나 서구세력이 빠져나간 후 일본은 이들을 독립시키기는커녕 서구세력과 마찬가지로 주요 자원과 노동력을 수탈하는 데 집중하게 됩니다. 더 나아가 이들 독립운동세력을 철저하게 탄압하는 모습을 보이게 됩니다. 이에 이들 식민지의 독립운동세력은 서구세력이 물러난 후부터는 반일 독립투쟁을 전개하게 됩니다.

요컨대 대동아공영권은 일본의 전쟁 논리를 서구의 지배에 대항하는 전쟁으로 미화시킨 것이었습니다. 즉 대동아공영권은 이 지역에 대한 일본의 침략을 교묘하게 정당화시킨 이념적 작업이라 할 수 있습니다.

9.4. 미국과의 전쟁 준비

일본군의 인도차이나 진주는 동남아에 많은 이해관계를 갖고 있던 영국, 미국, 네덜란드와의 전쟁이 불가피함을 보여주는 움직임이었습니다. 앞서도 언급했지만 1939년 미국은 이미 통상항해조약의 폐기를 통보했습니다. 그리고 9월에는 고철의 일본 수출을 전면금지시켰습니다. 만약 석유까지 수출을 금지한다면 석유를 미국으로부터의 수입에 전적으로 의존하고 있었던 일본으로서는 매우 심각한 상황에 빠질 게 틀림없었습니다.

미국의 공세에 대해 일본 군부가 생각해 낸 것은 당시 네덜란드가 지배하고 있었던 동인도(현재의 인도네시아) 지역이었습니다. 이 지역을 확보하여 석유, 고무, 사탕수수 등의 자원을 확보한다는 것입니다. 그리고 이는 필연적으로 미국, 영국, 네덜란드와의 충돌을 의미하는 것이었습니다. 인도차이나 북부에 이어 남부에 일본군이 진주하게 된 것은 이를 위한 작업의 일환이었습니다. 시기적으로는 1941년 7월 말의 시점입니다. 그리고 8월 1일 미국은 석유의 대일본수출을 전면 금지한다고 통고합니다.

일본군의 인도차이나 남부 진주로 태평양을 둘러싼 미국과의 대결은 한층 고조되었습니다. 미국은 일본과 전쟁 중인 중국에 전투기와 조종사를 지원하는 한편, 극동 미군을 창설하여 일본의 움직임을 견제하게 됩니다. 나아가 식민지였던 필리핀 현지인들로 부대를 만들어 미국 육군의 지휘하에 둡니다. 일본 또한 미국의 움직임에 더 이상 전쟁을 피할 수 없다고 판단합니다.

9월 5일의 대본영 회의에서는 전쟁을 준비하면서 동시에 미일 교섭을 추진한다는 방침을 결정합니다. 이와 함께 10월 초순까지 교섭이 성립되지 않으면 전쟁을 할 수밖에 없다는 것도 결정합니다. 당시 일본의 해군을 책임지고 있었던 연합함대 사령관 야마모토는 이미 미국과의 전쟁을 피할 수 없다고 보고 있었습니다. 그러나 야마모토는 일본의 국력이 미국과 상대가 되지 않으므로 장기전으로 가면 일본이 패할 수밖에 없다는 것 또한 알고 있었습니다.

고민 끝에 그가 생각해낸 것이 진주만 기습 공격이었습니다. 즉 선제공격으로 상대국의 전력에 최대한 타격을 입혀 시간을 번 다음 유리한 입장에서 강화를 맺는다는 것입니다. 해군의 진주만 공격에 앞서 영국 점령하에 있던 말레이반도를 육군이 공격함으로써 전선은 일거에 동남아와 태평양 전 지역으로 확대되었습니다.

전선의 확대:
중·일전쟁에서
아시아·태평양전쟁으로

10.1. 전쟁의 명칭[1]

1931년의 만주 사변부터 시작되는 일본이 일으킨 전쟁에 대해서는 많은 명칭이 있습니다. 대표적으로 일본에서 사용한 대동아전쟁(大東亞戰爭), 미국에서 사용한 태평양전쟁을 들 수 있습니다. 전쟁 당시 일본의 공식적인 명칭은 '대동아전쟁'이었습니다.

그러나 일본의 패전 후 연합국 최고사령부(GHQ)의 지시로 '대동아전쟁'이란 호칭은 사용이 금지되었습니다. '대동아전쟁'이란 명칭이 군국주의적 의미를 내포하고 있다는 것이 이유였습니다. 사실 '대동아전쟁'은 주로 대일본제국이나 대동아공영권을 긍정적으로 인식하는 사람들이 주로 사용했습니다. 즉 황인종의 동아시아가 백인의 서구제국에 대항하여 식민지 해방을 추구하여 일으켰다는 일본 중심의 이데올로기가 노골적으로 들어 있습니다.

이에 비해, '태평양전쟁'이란 명칭은 미국과 일본 사이의 전쟁만으로 축소될 위험이 있습니다. 즉 이 전쟁이 중국, 동남아시아를 포함한 전쟁이라는 것을 올바로 반영하고 있지 않다는 것이지요. 다시 말해 '태평양전쟁'

이란 용어는 1931년의 만주침략으로 시작된 중국 동북 지역에서의 전쟁과 본토에서의 중일전쟁, 동남아시아 각지에서 벌어진 전쟁, 그리고 민족해방세력의 독립투쟁 등을 배제해 버릴 위험성이 있습니다.

앞서 언급한 '대동아전쟁'은 '대동아공영권'을 정당화하는 용어이기 때문에 오늘날 부적절한 것으로 간주되고 있습니다. 이에 중국, 동남아시아를 포함한 전쟁이란 의미에서 '아시아 · 태평양전쟁'이라는 호칭이 1980년대부터 사용되었습니다. 이 외에도 1931년의 만주 사변으로부터 태평양전쟁까지를 하나의 연속적인 것으로 파악하여 '15년 전쟁', 심지어 청일전쟁을 일본 제국주의의 출발점으로 간주하여 '50년 전쟁'이라고 부르는 경우도 있습니다.

10.2. 전쟁의 무대는 태평양으로

일본의 진주만 공격으로 중국과 동남아가 주 무대였던 아시아전쟁은 이제 아시아 · 태평양전쟁으로 범위와 규모가 확대되었습니다. 이전까지 일본군의 주 상대국이 중국이었다면 이제 미국으로 그 범위가 넓어졌습니다. 중국 지역을 중심으로 전개되었던 전면전(general war)은 이제 아시아 · 태평양 지역의 패권을 둘러싼 패권전(hegemonic war)으로 확대되었습니다. 당연히 해군력이 매우 중요해졌습니다. 규모 또한 항공모함과 전함, 그리고 전투기와 폭격기까지 포함됨으로써 한층 대규모로, 그리고 대량살상무기까지 동원되는 고강도 분쟁(high-intensity conflict)[2]으로 진행되게 됩니다.

태평양전쟁의 전개과정을 살펴보기 전에 먼저 언급해야 할 점은, 전쟁을 시작하기 일본의 군부가 전쟁의 전체적인 구상과 구체적인 작전계획을 갖고 있지 않았다는 점입니다. 전쟁하자는 주장은 해군보다는 육군에서 강했습니다. 그러나 메이지 이래로 육군이 수행한 전쟁은 대륙에서의 전쟁이지 바다에서의 전쟁이 아니었습니다. 더군다나 미국과의 전쟁은 전혀 승산이 없는 상태에서 시작된 싸움이었습니다.

당시 미일 간의 압도적인 국력 차이는 이러한 사실을 여실히 보여주고 있습니다. 1941년 시점에서 두 나라의 경제력을 대충 비교해 보기만 해도, 석유산출량 1/776, 조강생산량 1/12, GNP 1/12, 자동차 보유 대수 1/160 이라는 수치가 보여주듯이 양국의 경제력은 비교가 되지 않을 정도였습니다.[3] 더군다나 일본은 전쟁에 꼭 필요한 석유의 90%, 선철의 거의 100%를 미국으로부터의 수입에 의존하고 있었습니다. 그럼에도 불구하고 일본의 선제공격으로 전쟁은 시작되었습니다.

태평양전쟁은 대체로 일본의 공세 시기, 미국의 반격 시기, 그리고 일본의 수세와 종전 모색기로 나누어 살펴볼 수 있습니다. 그리고 이처럼 시기를 구분 지을 수 있는 계기가 되는 주요한 전투가 있습니다. 진주만 공격, 미드웨이 해전과 과달카날 전투, 이오지마 전투와 오키나와 전투가 이에 해당합니다.

개전 직전 일본의 육군은 필리핀, 태국 등을 공략할 남방군, 그리고 중국, 만주, 조선과 일본 국내를 합해 2백 2십 8만 명의 병력을 준비하고 있었습니다. 해군 또한 남방작전 지원군 등 주요 군함 2백 5십 8척, 총톤수 1 백만 톤의 군함이 각 해역에서 대기하고 있었습니다. 그중 나구모 중장이 지휘하는 하와이를 향한 기동부대는 11월 26일에 이미 쿠릴열도의 에토로후섬(択捉島) 히도캇푸만(単冠湾)을 출항했습니다.

10.3. 전쟁의 경과

1) 일본의 공세 시기

6척의 항공모함을 중심으로 구성된 기동부대는 12월 7일 아침 2회에 걸쳐 진주만에 정박하고 있던 미 태평양함대 함정, 비행장 등을 기습적으로 공격했습니다. 미국 측의 막대한 피해에 비해 일본 측이 입은 피해는 경미했으므로 공격은 매우 성공적이었다고 할 수 있을 것입니다. 그러나 선전포고나 사전통보가 없는 상태에서 이루어진 성공이었습니다. 기지를 떠나있었던 항공모함은 화를 면했지만, 기지에 있었던 미 태평양함대는 거의 전멸하였습니다.

항공기 약 180기가 파손되었으며 2천3백 명 이상의 미군 병사가 전사했습니다. 일본 측의 피해는 항공기 29기와 특수잠항정 5척에 불과했습니다. 그러나 워싱턴의 노무라 주미대사가 헐 국무장관에게 건넨 일본 측의 통보는 공격이 시작된 지 1시간이나 지난 뒤였습니다. 이에 진주만 공격은 '속임수를 쓴 공격(treacherous attack, だまし討ち)'이란 부끄러운 이름이 붙게 된 것이지요.

일본 육군은 진주만 공격과 동시에 홍콩, 말레이시아, 필리핀, 괌 등에서도 군사 행동을 시작했습니다. 12월 10일에는 일본군에 반격하기 위해 싱가폴에서 나온 영국의 동양함대를 격파하였습니다. 이듬해 1월 들어서는 말레이시아, 보르네오를 함락시켰으며 필리핀을 점령하였습니다. 2월에는 영국이 이 지역에서 갖고 있었던 가장 큰 기지인 싱가폴을 점령, 무려 13만 8천 명을 포로로 삼았습니다. 뒤이어 3월에는 자원이 풍부한 네덜란드령 동인도(현재의 인도네시아)를 점령하였으며, 5월 들어서는 뉴기니까지 제압함으로써 동남아 지역에 거대한 세력권을 구축하게 되었습니다.

일본이 이처럼 초기에 기선을 제압할 수 있었던 이유는, 미국과 영국 등이 유럽에서의 전쟁에 집중하고 있었기 때문입니다. 나아가 일본의 기습 공격을 예상하지 못했기 때문에 일본군의 공격에 대한 준비태세도 제대로 되어 있지 않은 상태였습니다. 그러나 전쟁 초기에는 공격을 성공적으로 수행했음에도 불구하고 일본군은 다음 단계로 더 이상 나아갈 수 없었습니다.

그 이유는 일본 군부의 다음 전략이 수립되어 있지 않기 때문이었습니다. 초기에 예상했던 작전, 즉 하와이를 공격하고 필리핀에서 미군을 제압하고 네덜란드령 동인도를 점령한다는 구상은 예상대로 진행되었습니다. 그 속도 또한 예상한 것보다 훨씬 빠르게 이루어졌습니다. 그러나 문제는, 동남아시아의 자원지대를 점령하기는 했지만 이후 어떻게 할지에 대한 구상이 없었다는 것입니다.

제2단계 전략수립을 둘러싸고서 육군과 해군의 갈등이 나타났습니다. 앞서 언급한 대로 전쟁을 하자는 주장은 육군이 주도하였지만, 육군이 생각한 전장은 육지에서의 전쟁이었습니다. 즉 육군은 태평양에서의 전쟁에 대해서는 어떤 구상도 없었던 것입니다. 따라서 육군은 바다보다는 동남아 지역에서의 전쟁과 점령을 중시했습니다. 그리고 이 지역의 자원을 이용하여 장기전 태세를 확립한다는 전략이었습니다.

이에 비해, 해군의 전략은 진주만 공습을 피했던 항공모함 주력의 미국 함대를 끌어내어 격파한 후 유리한 입장에서 강화조약을 맺는 것이었습니다. 일본 군부는 만약 미국이 반격한다면 오스트레일리아가 될 것으로 판단했습니다. 이를 미연에 방지하기 위해서는 두 가지 방법이 있습니다.

첫 번째는 진주만 공격에서 살아남은 미군의 항공모함을 유인해내어 격파함으로써 제해권을 완전히 빼앗아 하와이를 점령하는 것입니다. 두 번째는 하와이와 오스트레일리아를 잇는 수송로를 차단하는 방법입니다. 첫 번째 안은 해군의 작전으로, 두 번째 안은 육군의 작전으로 구체화되었습니다. 미드웨이 해전과 과달카날 전투가 바로 그것입니다.

그러나 육군과 해군의 갈등으로 두 작전은 협조 없이 각각 진행되었습니다. 이러한 육군과 해군의 갈등은 서로 간의 소통 부재로 나타났습니다. 이는 미드웨이 해전(1942/6)의 실상에 대해, 육군 정보부가 외국의 뉴스를 통해 알게 되었다는 점에서도 여실히 드러나고 있습니다. 당시 총리 겸 육군 대신이었던 도죠에게도 한 달 지나고서야 보고되었던 것으로 알려져 있습니다.[4]

일본군의 분파주의는 육·해군 간의 갈등뿐 아니라 내부에서도 매우 심했습니다. 육군 정보부와 작전과의 협력은 거의 이루어지지 않았습니다. 작전과가 정보부의 판단을 무시하고 독자적으로 작전을 세우는 일도 많았습니다. 이에 중앙의 작전 결정이나 명령은 종종 너무나 늦었을 뿐 아니라 상황과 동떨어진 내용의 지시나 현장의 의견을 무시하는 내용이 많았습니다.[5]

2) 미국의 반격과 치열한 접전 시기

개전 후 반년 정도는 일본이 우세했습니다. 그러나 미드웨이 해전을 계기로 미국의 반격이 본격화하는 시기로 접어듭니다. 1942년 6월 5~6일 벌어졌던 미드웨이 해전은 그동안의 전쟁 양상을 완전히 뒤바꾼 전투였습니다. 일본 해군은 주력 항공모함 4척과 3백 대에 가까운 항공기를 잃었습니다.[6] 반면, 미국은 항공모함 1척과 항공기 약 1백5십 대를 잃는 데 그쳤습니다. 사실상 이 전투를 분기점으로 제해권(制海權)과 제공권(制空權)은 완전히 미국으로 넘어갔습니다. 미드웨이 해전을 계기로 일본의 우세는 사라진 것입니다.

이후 7월부터는 과달카날을 둘러싸고서 양국 간에 치열한 공방전이 무려 6개월 동안 이어졌습니다. 전투 결과만을 살펴보겠습니다. 일본의 해군은 이 전투에서 함정 24척, 합계 3만 5백 톤이 침몰하였습니다. 미국도 24척, 합계 2만 6천 톤의 함정이 침몰하였습니다. 양국 모두 전력을 다한 전투라고 할 수 있습니다. 한편 일본의 전투기는 893기가 격추되고 탑승원 2천여 명이 전사했습니다. 이 전투에서 일본의 베테랑 조종사 대부분이 전사했습니다.

육군이 투입한 병력 3만 3천 6백 명 중 전사자는 약 8천 2백 명, 병사자가 약 1만 1천 명이었습니다. 이 병사자 대부분은 영양실조로 인한 아사입니다. 물자보급이 제대로 되지 않아 2만 명의 전사자 중 절반 이상이 영양실조로 죽은 것이지요. 한편, 작전에 참여한 미군은 육군과 해병대를 포함하여 약 6만 명이었습니다. 이 중 전사자 1천 598명, 부상자 4천 709명으로 병사자는 거의 없었습니다. 일본군의 완전한 패배였습니다.[7]

1944년 3월, 태평양 전선이 붕괴하는 와중에 육군은 버마에서 무의미한 공격작전을 시도하였습니다. 인도 북동부 지역 도시로서 영국군과 인도군의 주요거점이었던 임팔(Imphal) 공략 작전입니다. 당시의 전체 전황에서 본다면 거의 무의미한 작전이었습니다. 결과적으로 험준한 지형과 군수물자 보급의 어려움으로 일본군은 완패하고 말았습니다. 임팔작전의 실패로 약화된 일본군은 버마에서의 지배력도 상실, 결국 이 지역에서 물러날 수밖에 없었습니다.

과달카날에서의 패배 이후에도 뉴기니와 솔로몬 제도 등 남태평양에서 양국의 전투는 계속됩니다. 전투가 계속되는 동안 현지에서의 전투에 급급한 나머지 후방의 마리아나(Mariana) 제도와 필리핀 등에서는 방어 준비가 거의 이루어지지 않았습니다. 1944년에 접어들어 마셜제도가 함락되고 남태평양에서의 대치상태가 무너지면서 일본군 전선은 일거에 붕괴하였습니다.

1944년 6월 마리아나 제도가 공격을 받기 시작하였으며, 미군은 사이판섬에 상륙을 시작했습니다. 이를 탈환하기 위하여 일본의 연합함대는 총력을 다하였음에도 불구하고 결과는 참담한 패배로 끝났습니다. 일본의 중순양함 3척이 침몰하였고 4백 기를 넘는 비행기가 파괴됨으로써 일본의 항공전력은 궤멸하였습니다. 이후 후방에서의 방어 준비가 거의 갖추어지지 않았던 일본군 전선은 일거에 붕괴하였습니다.[8]

3) 일본의 수세와 종전 모색기

사이판이 미군의 수중에 들어갔다는 것은 매우 큰 의미가 있습니다. 일본 본토에 대한 폭격이 가능해졌다는 것입니다. 이 시기에는 중국에서도 미군이 완전히 제공권을 장악, 일본으로의 출격이 가능해졌습니다. 일본 본토가 미군의 폭격권에 들게 된 셈이지요. 1944년 10월 미군의 레이테(Leyte)섬[9] 상륙을 저지하기 위하여 양국 해군 사이에 치열한 전투가 벌어졌습니다. 이 전투에서 일본의 연합함대는 궤멸함으로써 사실상 작전능력을 상실했습니다.[10] 그리고 이듬해 1월, 미군이 루손섬에 상륙함으로써 필리핀에 있던 3십만 명의 일본군은 정글 속으로 숨어들었습니다.

계속된 패배로 1944년 7월 도조 내각은 총사퇴했습니다. 도조 내각이

사퇴했다는 것은 군사적으로 일본이 더 이상 어떻게 해 볼 도리가 없다는 것을 나타내는 것이었습니다. 그 정도로 일본의 패전은 확실해진 것입니다. 원유를 비롯한 모든 자원이 부족했습니다. 동남아시아로부터 들어오던 자원들은 미국의 잠수함 공격으로 더 이상 일본으로 들어올 수 없었습니다. 일본 해군은 자국 방어조차 힘든 상황이었습니다.

모든 물자가 부족한 상황에서 식료품 부족으로 공장에서의 생산능률과 사기 또한 저하되었습니다. 그럼에도 신문에서는 매일 일본이 승리하고 있다는 식의 거짓 보도가 계속되었습니다. 모든 것이 '거짓'으로 뒤덮여 있었으며, 횡령과 유착이 만연했습니다. 군수공장을 중심으로 모든 산업 분야에 대한 정부의 통제가 실시되면서 기업과 관료들의 유착이 횡행했습니다. 이는 일본 사회의 도덕률이 붕괴하는 양상으로 나타났습니다.[11]

1944년 후반에 이르러서는 일본의 군 지도부도 더 이상 승리의 전망이 없다는 것을 알게 되었습니다. 그럼에도 불구하고 일본은 왜 전쟁을 계속했을까요? 이는 어딘가의 전장에서 국지적 승리를 거두어 항복조건을 유리하게 하겠다는 계산에서 나온 것이었습니다. 따라서 1945년 들어서도 계속된 전투는 정규적인 전투로서는 사실상 승산이 없었던 전투의 연속이었습니다.

2월의 이오지마전투, 4월~6월의 오키나와 전투는 이를 여실히 보여주고 있습니다. 3개월 가까이 벌어졌던 오키나와 전투에서 일본군은 궤멸했습니다.[12] 이 전투에서는 일본군이 현지 주민들을 총알받이로 내몰았기 때문에 주민도 2십여 만 명이 죽었습니다. 현지 주민의 거의 40%에 달하는 인원입니다. 오키나와에서의 패배가 일본국민에게 알려진 것은 3일 후인 6월 25일이었습니다. 철저한 언론통제가 이루어지고 있었던 것이지요.

일본은 패전이 기정사실화되자 자국의 외교관들을 통해 좀 더 유리한 조건에서 항복할 방안을 찾기 시작했습니다. 일본이 가장 주력한 것은 소련을 통한 종전 교섭이었습니다. 왜냐하면, 소련과는 1941년 4월, 5년간의 중립조약을 체결하였기 때문에 기대를 한 것이지요. 일본의 기대와는 다르게 7월 말, 베를린 인근 포츠담에 모인 미, 영, 중의 3개국 대표는 일본에 무조건 항복을 권고하는 포츠담 선언을 발표합니다. 그러나 일본이 이를 거부함으로써 8월 6일 히로시마에 원폭이 투하되었습니다.

원폭 투하 소식을 들은 스탈린은 동아시아에서의 전후 처리에서 소외될 것을 우려하여 대일참전을 서두를 것을 지시, 만주 지역으로의 공격을 명령합니다. 이에 8월 8일, 소련은 일본에 선전포고하게 됩니다. 소련의 중재로 전쟁 종결을 기대하고 있었던 일본의 희망은 완전히 사라졌습니다. 그리고 8월 9일, 나가사키에 또다시 원폭이 투하되면서 일본의 전의는 완전히 상실되었습니다. 원폭과 소련의 참전으로 일본 천황은 8월 15일, 소위 '옥음(玉音) 방송'을 통하여 포츠담 선언을 수락한다는 의사를 발표하게 됩니다.

10.4. 전쟁 말기의 상황과 종전

이제 정리하겠습니다. 전쟁 초기에는 미국과의 전쟁을 염두에 두고서 미리 전쟁태세를 갖추고 있었던 일본의 승리로 전황이 진행되었습니다. 그러나 1942년 6월 미드웨이 해전에서 일본이 대패함으로써 전세는 일본의 열세로 전환되었습니다. 이후 1943년 2월의 과달카날섬 철수, 1944년 7월의 사이판섬 함락, 10월 레이테섬 전투에서의 패배로 승패는 이미 판

가름 났습니다. 자원조차 절대적으로 부족한 상황에서 일본은 제해권, 제공권마저 상실했습니다. 이제 일본 본토가 공습받는 상황에 이르게 되었습니다.

상황이 악화되면서 학생을 군수공장에 동원하기 위한 학도동원이 실시되었습니다. 종래 병역을 면제받았던 대학생도 학도병으로 출진해야 했습니다. 점령 지역의 중국인과 조선인에게는 가혹한 노동을 강제하는 강제노동도 실시되었지요. '황민화 정책'이라고 하여, 중국인과 조선인에게 일본식의 이름을 강요하였습니다. 식량이 계속 부족하고 노동력 동원이 일상적으로 이루어짐으로써 일본국민의 일상생활 또한 극도로 피폐해졌습니다.

이 무렵부터 전쟁의 무대는 아시아에서 일본으로 옮겨지게 됩니다. 즉 사이판 함락 이후 미국에 의한 일본 공습이 실시되면서 일본 본토가 화염에 휩싸이게 되었던 것이지요. 이제 일본 국민들은 메이지 유신 이후 말로만 듣던 전쟁의 참혹한 광경을 눈앞에서 목도하게 되었습니다. 초등학생을 지방으로 이주시키는 학동소개(學童疏開)가 실시되었습니다.

1945년 3월에는 도쿄 대공습이 이루어져 하룻밤 사이에 약 10만 명이 희생되기도 하였습니다. 4월에는 미군이 오키나와에 상륙했습니다. 오키나와가 전장(戰場)이 됨으로써 일본의 패배는 피할 수 없게 되었습니다. 오키나와전에서는 오키나와의 다수 주민이 전투에 휘말려 들어가 무고한 죽임을 당했습니다. 그 결과 오키나와에서는 오늘날까지도 본토에 대한 반감이 강하게 남아있습니다.

당시 내각은 비밀리에 소련을 중재자로 하여 미국과의 강화를 모색하고 있었습니다. 그럼에도 불구하고 국민들에게는 철저한 항전을 호소하였습니다. 당시 중학교(오늘날의 고교) 학생들도 남학생은 '철혈근황대(鐵

血勤皇隊)', 여학생은 '학도대(간호요원)'라는 이름으로 전투와 전장에 보내졌습니다. 그럼에도 불구하고 6월에는 오키나와가 함락되고, 8월에는 히로시마와 나가사키에 원폭이 투하되었습니다. 뒤이어 소련마저 일본에 전쟁을 선언하게 되자, 8월 14일 일본 정부는 포츠담 선언을 수락하게 됩니다.

그러나 일본이 포츠담 선언을 수락했다고 해도 전쟁상태가 끝난 것은 아니었습니다. 즉 문서상으로 조인을 할 때까지 전쟁 자체는 완전히 종결된 것은 아니지요. 독일의 경우 항복하고서 이틀 후에 조인했으므로 항복과 조인 사이의 간극이 매우 짧습니다. 그러나 일본의 경우 8월 15일에서 9월 2일까지 비교적 많은 시간이 소요되었습니다.

이 기간에 소련군은 만주 지역을 계속 공격해 들어왔습니다. 그리고 이 지역에 있었던 관동군은 명령에 따라 무기를 버리고 항복을 합니다. 소련은 순식간에 만주 지역을 점령하였습니다. 이 결과 이 지역에 있던 많은 일본군과 일본인이 피해를 보았습니다. 사상자가 나오는가 하면 많은 군인과 군속들이 포로가 됩니다. 소련은 이들을 시베리아로 끌고 가 강제노동을 시킵니다. 전후 양국 간에 문제가 되었던 소위 '시베리아 억류자 문제'입니다.

이러한 사태전개가 당시 국민당과 내전 상태에 있었던 중국공산당에 큰 힘이 되었다는 것은 언급할 필요가 없겠지요. 중국에서는 일본의 항복 이후 대륙의 지배권을 둘러싸고서 국민당 군과 공산당 군(紅軍)의 내전이 본격적으로 시작되었습니다. 중국에서의 내전과는 관계없이 9월 2일, 도쿄만에 들어온 미국의 전함 미주리함에서 항복문서의 조인식이 거행됩니다.

제국 일본의 전쟁:
패전과 새로운 출발

11.1. 왜 일본은 전쟁을 일으켰을까?

이 책의 앞부분에서 전쟁이 발발하는 원인에 대해 개인적 수준, 국가/사회적 수준, 체제적 수준이라는 세 측면에서 살펴볼 수 있다는 왈츠의 견해를 소개했습니다. 이런 시각에서 일본의 전쟁을 살펴볼까요? 먼저 개인적 수준에서 접근할 때 가장 먼저 떠오르는 사람은 일본 천황입니다. 메이지 이후 일본의 천황은 국가 그 자체(국체, 國體)로서 간주되었습니다. 따라서 근대 이후 일본의 전쟁에서 천황이 그 모든 원인의 시작이라는 점은 당연하다고 할 수 있습니다.

대일본제국의 헌법에서 천황은 통치 대권뿐 아니라 군사 대권까지 가진 무소불위의 권력자였습니다.[1] 군사적 사항, 즉 군의 동원이나 편제에 대한 모든 것을 천황이 직접 장악을 하고 있었습니다. 당시 일본의 사회구조와 정치구조에서 천황의 재가와 승인이 없는 군사 행동은 가능하지 않았습니다. 따라서 이 시기 일본이 일으킨 전쟁에 천황은 구조적으로 책임이 있을 수 밖에 없습니다. 그렇다면 구조적 측면이 아니라 행위자적 측면에서는 어떨까요? 행위자적 측면에서 천황의 전쟁 범죄와 관련하여 가장 중요한 것은 '진주만 기습을 천황이 재가를 했는가'라는 것이겠지요.

이와 관련하여 천황의 최측근이었던 궁내대신(宮內大臣) 기도 고이치(木戶幸一)의 진술이 있습니다. 즉 그는 전범 재판의 사전 심문과정에서, 진주만 공습은 천황의 재가를 받았기에 가능한 일이었다고 명백하게 진술했습니다. 그러나 미국 측이 선정한 검사들로 구성되어 있었던 재판에서 이것은 무시되었습니다. 즉 진주만 공격에 대해 천황은 모르고 있었다는 것으로 둔갑하였던 것이지요. 천황이 빠진 재판에서 전쟁의 최고책임자로 지목되었던 도조(東條英機)도 "나는 천황의 허락 없이는 아무 일도 할 수 없다"라고 발언했습니다. 그러나 천황을 점령정책에 이용하고자 했던 미국 측에 의해 이 발언 또한 은폐되었습니다.[2]

그렇다면 전전 일본의 정치체제에서 천황을 제외하고서 독단적으로 전쟁을 지시, 수행할 만큼 영향력이 있는 개인 또는 직책이 있었을까요? 주지하다시피 일본의 정치체제는 의원내각제입니다. 표면적으로 드러나는 국정의 최고책임자는 총리입니다. 그러나 전전 일본의 의사결정에서 나타나는 면면들을 보면 주요 사안에 관한 결정을 총리가 독단적으로 하기보다는 협의를 통해 결정을 내리는 모습을 많이 보여주고 있습니다.

물론 총리 못지않게 영향력을 가진 인물도 있었습니다. 대표적으로, 야마가타(山縣有朋), 고노에(近衛文麿)와 같은 인물들을 들 수 있겠지요. 그럼에도 불구하고 이들 또한 협의를 통해 문제를 해결하는 형식을 취했습니다. 앞서 만주와 한반도를 둘러싼 러시아와의 대립에서 러일전쟁을 결정한 무린암 회의는 대표적인 경우라 할 수 있을 것입니다.[3]

이런 점에서 보게 되면 전전의 일본이 일으킨 전쟁의 원인을 살펴보는데 있어서 천황을 제외하고서 어느 한 개인을 콕 집어 언급하기에는 한계가 있는 것으로 보입니다. 표면적으로는 도조가 가장 큰 책임자라 할 수 있겠지요. 그러나 그 또한 전쟁이 모든 것을 지배하는 당시 전쟁국가 일본의 구조 속에서 천황을 대리한 희생자에 불과했던 것으로 보여집니다.

그렇다면 집단 또는 사회/국가적인 수준에서 접근한다면 일본의 전쟁을 어떻게 살펴볼 수 있을까요? 메이지 이후 일본의 사회와 국가에서 중요한 역할을 하고 있었던 세력은 대체로 다음과 같은 그룹으로 살펴볼 수 있습니다. 막부를 타도하는 데 중심적인 역할을 했던 번벌세력, 그리고 이후 대일본제국을 건설하고 운영하는 데 중심적인 역할을 했던 관료, 군벌, 재벌, 정치인입니다. 이 외에도 다이쇼 시기 민주정치의 활성화와 함께 그 영향력이 커지게 된 언론을 들 수 있습니다.

이들 세력 중 번벌세력은 재생산이 되지 않지요. 메이지 이전의 번이 사라지고 현으로 바뀌었기 때문입니다. 따라서 번벌세력은 시간의 흐름과 함께 자연히 사라질 수밖에 없겠지요. 물론 막부 타도의 중심에 있었던 사쓰마번 출신과 조슈번 출신들은 일본 해군과 육군 내에서 상당한 세력을 유지하면서 파벌을 형성하고 있었습니다. 그럼에도 불구하고 이들은 번벌세력의 범주라기보다는 군부 세력으로 보아야 할 것입니다. 왜냐하면, 황도파, 통제파 등과 같은 세력의 출현은 군 내부의 개혁, 향후 일본의 미래상 등을 둘러싼 방법론의 차이에서 형성된 것이기 때문입니다.

이 책의 본문에서 살펴본 전쟁 발발의 양상을 보게 되면 전전 일본의 전쟁에 가장 큰 영향을 미친 것은 군부라고 할 수밖에 없습니다. 특히 러일전쟁 이후 일본 군부의 영향력이 더욱 강화되는 양상은 본문 내에서 살펴본 바와 같습니다. 군부의 영향력이 강화될 수 있었던 것은 전쟁으로 이익을 보는 세력과 국민들의 지지가 있었기 때문입니다.

전쟁으로 이익을 보는 세력으로 가장 먼저 들 수 있는 것은 군수산업체를 들 수 있겠지요. 실제로 중일전쟁이 격화하면서 군수에 뛰어든 신흥재벌이 급성장하는 양상이 나타났습니다. 그러나 군부의 영향력 강화가 가능했던 것은 무엇보다도 국민들의 지지가 있었기 때문입니다. 그리고 국민들로 하여금 전쟁을 지지하게 하고 전쟁을 부추긴 것은 언론과 전쟁을 지지하는 지식인들이었습니다.

국제체제적 차원에서 보게 되면 당시는 제국주의 시대였습니다. 선발 제국주의 국가로서의 영국과 프랑스, 그리고 후발 제국주의 국가로서의 독일이 대립하는 구도가 형성되어 있었지요. 일본은 후발 제국주의 국가로서 근대화 수행과정에서 영국의 많은 도움을 받았습니다. 당시 러시아의 남하를 막고자 했던 영국과 이해관계가 일치하였기 때문에 영국 또한 일본에 많은 지원을 했지요. 일본을 지원함으로써 영국은 이 지역에서 러시아와 세력균형을 이룰 수 있었습니다.

러일전쟁 이후의 국제질서, 특히 동아시아 지역의 질서는 무정부 상태나 다름없었습니다. 그럼에도 불구하고 일본은 영국, 미국과 협조함으로써 이 지역의 질서를 안정적으로 관리할 수 있었습니다. 그러나 문제는 제1차 세계대전을 계기로 일본의 자본주의가 크게 팽창하였다는 것이었습니다.

제1차 세계대전을 계기로 일본은 과거 독일이 갖고 있었던 중국에서의 조차지, 태평양상의 마셜제도 등을 장악하게 되었습니다. 일본의 자본주의가 팽창하면서 일본은 더 많은 시장을 필요로 했습니다. 이는 곧 동아시아 지역에 식민지를 가지고 있던 선발 제국주의 국가들과의 충돌로 이어지게 됩니다.

제1차 세계대전 이후 각국은 국제적인 무정부 상태를 관리하고자 국제연맹을 창설했습니다. 연맹의 탄생을 계기로 국제협조주의, 군비제한의 목소리가 높아졌습니다. 그러나 실질적인 권한이 없는 국제연맹의 탄생은 국제질서의 무정부 상태를 그대로 보여주는 것이었습니다.

앞서 살펴보았던 워싱턴 군축회의(1922)는 바로 제1차 세계대전 이후 영국, 미국과 일본의 변화된 권력관계(power shift)를 반영한 것이었습니다. 즉 제1차 세계대전 이후부터는 최초의 산업혁명을 수행한 영국, 새롭게 부상하는 미국, 비서구 지역 국가로는 최초로 근대화에 성공한 일본이라는 3개국이 국제체제의 새로운 강대국으로 부상한 것이지요.

제1차 세계대전에서 전승국의 입장에 서게 된 일본은 워싱턴 군축회의의 결정을 받아들였습니다. 그러나 이에 대한 해군과 일부 정치인들의 불만, 그리고 미국의 외교전으로 영일동맹이 폐기되게 됩니다. 영일동맹의 폐기는 이후 일본의 외교뿐 아니라 국내정치에도 큰 영향을 미치게 됩니다. 당시 일본 내에서 나타났던 국제질서에 대한 전망이 영미와의 관계를 배제한 자국중심적 구상으로 나타났을 뿐 아니라 그 중심에 군부가 자리잡게 되었던 것입니다. 제8장에서 나타났던 관동군(이시하라)의 구상(세계최종전쟁론), 군부 테러의 이론적 배경이 되었던 기타 잇키의 국가사회주의 운동, 그리고 제9장에서 살펴보았던 '대동아공영론'이 대표적인 예라고 할 수 있겠지요.

정리하겠습니다. 전전 대일본제국의 전쟁에 가장 큰 역할을 한 세력은 군부였습니다. 그리고 당시의 무정부적인 국제체제 또한 전쟁의 원인이 되었음에 틀림이 없습니다. 그러나 군부의 영향력, 그리고 전쟁에 대한 언론의 지지가 있었다고 하더라도 국민의 지지는 어떻게 가능했을까요? 이에 대해서는, 추상적인 측면에서가 아니라 실질적으로 전쟁이 일본 국민들에게 이익을 가져다주었다는 점을 지적할 수밖에 없습니다. 즉 전쟁이 일본 국민들에게 가져다준 국가적 자부심, 심리적 만족감 못지않게 경제적 이익도 있었다는 것이지요. 물론 전쟁의 주 무대가 일본 본토가 아니었기 때문에 전쟁의 직접적인 피해와 참상을 겪어보지 않았던 점도 들 수 있을 것입니다.

그렇다면 전쟁은 과연 일본에 경제적 이익을 가져다준 것일까요? 전쟁과 경제, 더 넓게는 군사비 지출, 군수산업 등 전쟁과 관련한 지출이 경제적으로 어떤 효과를 미치는가에 관한 연구는 많습니다.[4] 그러나 이 책의 주제 상 전전의 일본이 왜 거의 10년 주기로 전쟁에 돌입했는가에 대해, 대일본제국이라는 국가 또는 사회체제가 가진 경제적 성격에 초점을 맞추어 간략히 살펴보도록 하겠습니다. 이를 살펴보는 이유는 근대화 이후, 특히 러일전쟁 이후 일본이 수행한 전쟁이 일본 사회/국가 체제의 경제적 속성, 그리고 일본을 둘러싼 세계 경제 상황과 많은 부분 연계되어 있다고 보기 때문입니다.

11.2. 제국 일본의 전쟁과 일본 경제

메이지 유신으로 일본은 제국을 건설했습니다. 러일전쟁은 제국 건설이 성공했다는 것을 다른 서구제국들에 알리는 신호였습니다. 이후 일본은 다른 서구제국들을 따라 식민지 개척에 나서게 됩니다. 이러한 개척은 물론 침략을 통해서였습니다. 계속된 전쟁과 승리로 일본은 급속하게 군국주의로 나아가기 시작합니다.

계속된 전쟁에서 승리하면서 일본의 지도자와 국민들은 싸우면 무조건 이긴다는 지나친 자신감에 도취되었습니다. 전쟁을 시작할 시점에서 일본과 미국의 국력 차이를 보면 미국과의 전쟁은 도저히 시작해서는 안 될 전쟁이었습니다. 그럼에도 불구하고 일본 군부는 전쟁을 감행했습니다. 이런 무모함은 과연 어디서 나온 것일까요? 이는 일본 군부의 지나친 자신감 이외에는 설명하기가 힘듭니다. 이와 같은 일본 군부의 자신감은 바로 메이지 유신 이후 계속되었던 전쟁에서의 승리에서 찾아볼 수 있습니다.

메이지 유신 이후 일본은 거의 10년 단위로 전쟁을 수행했습니다. 그리고 전쟁을 통해 국민으로서의 자긍심과 경제적 이익을 얻었습니다. 유럽에서는 종교개혁과 전쟁을 통해 근대국가가 건설되었다면, 일본에서는 신도(神道)와 전쟁을 통해 근대국가가 건설되었던 것입니다. 한편으로는, 메이지 이후 황실 패전트(pageant)를 통해 내셔널리즘을 구축하는가 하면,[5] 또 다른 한편으로는, 전쟁을 통해 국민을 동원하는 데 성공한 것입니다.

청일전쟁은 바로 그 출발점이었습니다. 당시까지 중국은 이 지역의 중심국가였습니다. 그러나 청일전쟁으로 일본은 중국을 대체하여 이 지역의 중심국가로 우뚝 섰습니다. 청일전쟁에서 일본은 승리를 통해 청나라로부터 3년 치 이상의 예산을 전쟁배상금으로 확보했습니다. 청일전쟁을 통해 일본은 전쟁이라는 것이 엄청난 수익을 안겨주는 사업이라는 것을 알게 되었습니다. 그러나 청일전쟁 10년 후 치렀던 러일전쟁에서는 한 푼의 배상금도 받지 못했습니다.

러시아의 강경한 자세 때문이기도 했지만, 일본 또한 배상금과는 별개로 더 이상 전쟁을 수행할 돈이 없었기 때문이었습니다. 이러한 사정을 알리 없었던 일본의 국민들은 강화조약을 맹렬히 반대했습니다. 비록 전쟁

배상금을 받지는 못했지만, 러일전쟁을 통해 일본은 한반도와 만주에서의 우월적 지위를 인정받고 쿠릴열도와 사할린 일부 지역을 차지할 수 있었습니다.

러일전쟁 10년 후 발발했던 제1차 세계대전의 주 무대는 유럽이었습니다. 일본도 참전하기는 했지만 주 전장이 유럽이었기 때문에 일본이 입은 피해는 거의 없었습니다. 오히려 일본은 전쟁 국가들에 대한 군수물자 공급, 그리고 유럽 국가들이 장악하고 있었던 동남아 시장을 차지할 수 있었습니다. 심지어 이들 전쟁이 일본 본토에서 행해진 경우는 한 번도 없었습니다. 연이은 전쟁으로 일본은 직접적인 손해를 본 적이 한 번도 없었던 것이지요.

제1차 세계대전 중 일본의 경제 규모는 비약적으로 팽창했습니다. 전시의 급격한 수요증대로 일본의 공업은 수출산업과 조선업을 중심으로 크게 발전하였습니다.[6] 전쟁 중의 전례 없는 호경기와 높은 경제성장은 당연하게도 전후의 불경기를 낳았습니다. 전후 공황에 대한 정부의 적극적인 구제정책으로 일본 경제는 회복하는 듯했습니다. 그러나 1923년의 간토대진재는 또 한 번 일본 경제를 강타하게 되면서 일본 경제는 호경기와 불경기를 거듭하는 불안정한 경제과정을 보이게 됩니다.

이 과정에서 일본 정부는 적극적인 재정정책, 즉 일본은행을 통한 인플레이션 구제정책을 펼치게 됩니다. 즉 1920년대의 경제 불안정기에 경제 체질의 근본적인 개선을 하지 못한 채 인플레이션적인 구제정책을 거듭했던 것이지요. 이러한 구제정책은 경제를 안정시키지 못했을 뿐 아니라 국내물가와 국제물가의 격차에 의한 일본상품의 국제경쟁력 약화, 환시세의 동요, 국제수지의 극단적 악화도 해결하지 못했습니다.[7]

일본 정부는 경제의 안정적 발전을 도모하기 위한 필요성에서 금본위제로 복귀하고자 하였습니다. 그리고 이를 위한 준비로 재정 긴축, 공채 발행중지와 상환, 국민 소비 절약, 저축장려 등 일련의 디플레이션 정책을 실시하게 됩니다. 그러나 이러한 디플레이션 정책은 당연하게도 심각한 불황을 초래하였습니다. 그리고 불황은 동시에 발생한 세계 대공황의 영향을 받아 격화되었습니다.

대공황으로부터의 회복이 자본주의의 자동조정력, 즉 시장기능으로 이루어질 수 없게 되자 일본 정부는 직접 경제활동에 개입하고 경제회복정책을 적극적으로 추진하게 됩니다. 그러나 이러한 정책에 있어서 미국과 일본은 매우 다른 방향으로 나아가게 됩니다. 미국의 뉴딜정책은 기본적으로 유효수요의 확대, 즉 국내시장의 확대에 목표를 둔 평화적 성격의 정책이었습니다. 반면 일본의 공황극복책은 적극적인 대외침략과 군비확장에 의거한 것이었습니다.

중국 침략의 시발점이 된 만주 사변(1931년)은 일본이 공황으로부터 탈출하는 직접적인 계기가 되었습니다. 이것이 향후 중일전쟁과 태평양전쟁으로 나아가게 되는 것이지요. 대외침략과 군비 확장을 통한 공황 극복 정책은 재정지출에서 명확히 나타나고 있습니다. 물론 일본 정부도 미국과 마찬가지로 공공사업투자와 실업대책사업을 확대함으로써 경기회복을 시도하기도 하였습니다. 그럼에도 불구하고 정부 재정지출의 중심은 군비확대에 있었던 것이지요. 이의 결과 군사비는 비약적으로 증대하게 됩니다. 1936년의 군사비 지출은 일반회계 지출의 거의 50%에 달하고 있습니다.[8]

1930년대 들어 군수공업을 중심으로 한 새로운 재벌들이 대거 나타났습니다. 기성 종합재벌이 군수 부문으로의 진입을 주춤거리던 사이에 신흥재벌이 중화학공업에서 주도적 역할을 하게 되었던 것입니다. 1937년의 시점에서 10대 재벌 가운데 신흥재벌이 이미 세 개(닛산, 닛시쯔, 모리)나 차지하고 있습니다.[9] 요컨대 일본은 만주 사변을 대공황으로부터의 탈출책으로 삼았으며 군사비 지출 또한 확대되었던 것입니다.

군사비 지출의 팽창으로 재정지출은 크게 증대되었으며, 이의 결과 일본 경제 전체는 군사화로 나아가게 됩니다. 이 시기 중화학공업 부문의 두드러진 발전은 군비 확장과 군사력 강화를 위한 것이었습니다. 이렇듯 군사화의 과정을 걸어온 일본 경제는 1937년 발발한 중일전쟁을 계기로 결정적으로 전시경제체제로 들어서게 됩니다. 일본의 경제가 군사경제로 들어섰다는 것은 정부재정에서 명확히 드러납니다. 중일 전쟁기인 1937~1941년 시기 재정지출의 거의 70%는 군사비였습니다. 재정지출은 태평양전쟁기에 더욱 팽창되었습니다.

1941~1944년 기간 재정지출에서 군사비가 차지하는 비중은 약 80%에 달했습니다. 즉 이 시기 재정지출의 급격한 팽창은 전쟁 수행과 생산력 확충을 위한 군사비 증가에 의한 것이었습니다. 그리고 이러한 재정지출을 세입 면에서 뒷받침한 것은 증세(增稅), 공채(公債)와 차입(借入)이었습니다. 실제로 1944년의 시점에서 공채와 차입금이 재정수입에서 차지하는 비중은 78%에 달했습니다. 매년 거액의 공채가 발행되고 그 대부분이 일본은행이 인수했던 것이지요. 이 과정에서 통화량이 늘어나면서 인플레이션이 진전되었습니다.[10]

전후 점령 당국이 재벌해체에 착수한 것은 바로 재벌 중심의 경제체제가 전쟁을 추동했다는 판단에 의한 것이었습니다. 이는 재벌해체를 위해 조직된 미국 국무성 · 육군성 조사단의 단장이었던 고원 에드워드의 다음과 같은 발언에 잘 나타나 있습니다. "재벌해체의 목적은 일본의 사회조직을 미국 경제가 바라는 것으로 바꾸는 것도 아니고 일본국민의 이익을 위한 것도 아니다. 목적은 일본의 군사력을 심리적으로, 그리고 제도적으로 파괴하는 것에 있다." [11]

11.3. 제국 일본의 교훈: 경계해야 할 것

이제까지 전전 일본이 일으킨 전쟁을 개인 수준, 사회/국가 수준, 국제체제 수준으로 살펴보았습니다. 그리고 사회/국가 수준에서 전전 일본의 국가 성격을 전쟁 국가라는 측면에서 살펴보았습니다. 메이지 이후 최초의 대외전쟁인 청일전쟁, 그리고 10년 뒤의 러일전쟁 발발은 정한론의 영향을 받은 일부 정치인들의 의지가 크게 작용했습니다. 제1차 세계대전 이후 국제질서는 급신장한 일본의 국제적 위상을 받아들이지 못했습니다. 이에 대한 불만은 영미와의 갈등으로 나타났고 이후 일본의 외교는 독자적인 노선을 걷게 됩니다. 이즈음부터 군부가 일본정치의 전면에 등장하게 됩니다.

쇼와의 출발(1926년)과 함께 일본의 군부는 사실상 일본정치의 전면에 등장하게 됩니다. 따라서 이 시기 이후 일본을 전쟁으로 이끈 가장 핵심 세력은 군인집단이었습니다. 이들은 제1차 세계대전 기간 중 서구에서 나타났던 국가총동원 사상, 그리고 기타 잇키가 주창했던 국가사회주의의 사상적 영향을 강하게 받고 있었습니다. 그러나 무엇보다도 군부의 행동을 뒷받침한 것은 언론과 일본 국민들의 지지였습니다. 전쟁에 대한 국민의 지지는 언론의 부추김, 그리고 계속된 전쟁에서의 승리에 기인한 것입니다.

계속적인 전쟁으로 경제구조 또한 군수공업을 중심으로 짜였습니다. 재정지출에서 군사지출의 비율이 급증하였습니다. 말 그대로 국가 자체가 전쟁 국가가 되었다고 할 수밖에 없습니다. 전쟁 국가는 전쟁이 없으면 유지가 되지 않습니다. 전쟁은 군대를 낳고 군대는 전쟁을 통해 더욱 팽창하는 조직입니다.

책의 앞 부분에서 언급한 바와 같이 근대국가와 정치제도의 형성 과정에서 전쟁은 매우 중요한 역할을 하고 있습니다. 즉 전쟁을 위한 자원의 동원과 추출 과정에서 국가는 폭력을 독점하면서 정부 형태를 갖추어 나갔습니다. 이런 측면에서 전쟁으로 지탱되는 국가, 전쟁으로 이익을 보는 집단이 세력화되어 있는 전쟁국가는 매우 위험합니다.

이와 같은 국가의 성격 또는 집단의 위험성에 대해 많은 학자와 정치인들은 경고해 왔습니다. 이와 관련하여 대표적으로 두 사람의 경고를 소개하겠습니다 흥미롭게도 소개하는 인용문은 모두 미국 대통령을 역임했던 인사들의 말입니다. 전자는 제임스 매디슨(James Madison. 미국 제4대 대통령)의 글, 후자는 드와이트 아이젠하워(Dwight David Eisenhower. 미국 제34대 대통령)의 연설입니다.

공공의 자유에 대한 모든 적 중에서도 가장 두려워할 만한 적은 전쟁이 아닐까 싶다. 전쟁이야말로 다른 모든 병균을 구성하고 발전시키는 것이기 때문이다. 전쟁은 군대를 낳는다. 이로부터 채무와 세금이 초래된다. 그리고 군대와 채무와 세금이야말로 소수가 다수를 지배할 수 있게 하는 익히 알려진 수단이다. 행정부의 판단력은 전쟁에서도 역시나 연장된다. 관직과 상훈과 봉급을 다루는 과정에서 행정부의 영향력은 곱절로 늘어난다. 그리고 인민의 힘을 억제하는 그 모든 수단에 덧붙여, 이제는 정신을 유혹하는 모든 수단이 동원된다. …그 어떤 국가도 지속적인 전쟁의 와중에 그 자유를 보전할 수는 없다.[12]

최근에 있어서의 세계적인 분쟁, 즉 제2차 세계대전 당시까지만 해도 미국은 군수산업이라는 것을 전혀 가져본 적이 없었습니다. …현재는 350만 명에 달하는 남녀가 직접 국방 조직체에 종사하고 있습니다. …방대한 군사조직과 거대한 군수산업 간의 결합은 미국인들이 전혀 경험하지 못했던 새로운 현상입니다. 경제적인 영역, 정치적인 영역 및 심지어는 정신적인 영역에까지 침투하고 있는 그것의 전면적인 영향력은 어느 도시, 어느 주 정부, 어느 연방 정부의 사무실에서나 뚜렷이 느껴지고 있습니다. …우리는 그것이 시사하고 있는 가공할 의미를 간과해서는 안 됩니다. …정부 내의 여러 회의에서 이 군산복합체가 의식적이건 무의식적이건 간에 부당한 영향력을 획득하려는 데 대해 우리는 경계해야만 합니다. 이 오도된 세력이 급격히 팽창하여 파멸적인 결과를 초래할 가능성은 현재에도 존재하고 있으며, 앞으로도 계속하여 존재할 것입니다. 이 복합체의 세력이 너무 커져서 우리의 자유와 민주적인 과정들을 위협하는 일이 발생하도록 허용해서는 결코 안 될 것입니다. 우리는 어떠한 일도 당연하게 받아들여서는 안 됩니다. 오로지 경계심을 게을리하지 않는 분별 있는 시민 정신만이 국방상의 이 거대한 산업과 군사기구를 우리의 평화적 수단과 목적에 적절히 조화시키고, 그리하여 안전과 자유를 동시에 번영시키는 일을 가능하게 할 수 있을 것입니다.[13]

11.4. 패전 이후: 새로운 출발, 경제 회복과 전쟁

1) 냉전적 국제질서와 일본

자국민뿐 아니라 식민지 민중들까지 희생시키면서 막대한 인적, 물적 피해를 가져왔던 제국 일본의 전쟁은 1945년 8월의 패전으로 끝났습니다. 패전으로 일본은 연합국의 점령을 받게 됩니다. 점령정책으로 전후의 일본은 크게 바뀌었습니다. 미국을 중심으로 한 점령 당국은 일본을 비군사화시키기 위하여 군대를 해산시키고 육군성, 해군성과 같은 군사적 제도들을 모두 폐지했습니다.

패전 후 일본은 일체의 군사력을 가질 수 없을 뿐 아니라 다른 나라와의 분쟁을 해결하는 수단으로서도 군사력을 사용하지 못하게 되었습니다. 헌법 제9조에서 이를 명기한 것이지요. 그래서 일본의 전후 헌법을 소위 '평화헌법'이라고 합니다. 그리고 일본 사회의 민주화를 위하여 전쟁범죄자들을 처벌하는 한편 노동개혁, 농지개혁 등의 정책을 실시합니다.

아시아·태평양전쟁으로 일본은 약 3백만의 인명과 국부의 약 1/4을 잃었습니다. 패전과 함께 공장가동 중단으로 인한 국내의 해고자, 해외로부터의 복귀 병사, 그리고 해외 체류 일본인의 귀국으로 대량의 실업자가 발생했습니다. 생활물자가 부족했을 뿐 아니라 전시기의 공채 남발로 인한 통화량 증가로 전후 약 4년간은 엄청난 인플레이션이 나타났습니다. 인플레이션 수습을 위해 시행된 엄격한 재정 긴축 정책은 일본 경제를 또다시 불황에 빠트리게 되는 어려움이 나타났습니다.

그러나 아이러니하게도 전쟁으로 폐허가 된 일본이 경제적으로 부상하

게 된 계기도 전쟁을 통해서였습니다. 즉 패전으로 일본 경제가 어려운 상황에서 1950년 한국전쟁이 발발했던 것이지요. 한국전 발발 소식을 들은 요시다 당시 총리가 "한국전쟁은 신이 일본에 내려준 선물(朝鮮戦争は神が日本に授けた贈り物)"이라고 했다는 것은 유명한 일화입니다. 한국전으로 인한 특수(特需)는 전후 어려움에 빠져 있던 일본을 기사회생시키는 데 결정적 역할을 했습니다.[14] 더군다나 미소를 중심으로 한 냉전체제가 격화하면서 일본은 미국의 도움으로 전후 배상을 가볍게 끝낼 수 있었습니다.

미군을 중심으로 한 국제연합군의 물자조달과 무기, 차량 보수 등의 특별수요로 일본 경제는 전후의 폐허 상태에서 급속도로 회복되었습니다. 당시 일본산업의 75%가 방위산업과 관련되어 있어서 미국의 군수조달이 사실상 일본 경제의 부흥에 결정적으로 기여하였던 것입니다.[15] 실제로 당시 일본 수출의 약 70%가 미국의 군수조달과 관련되어 있었습니다. 일본 통산성에서 발행하는 『경제백서(經濟白書)』(1956)에서는 "이제 더 이상 전후가 아니다(もはや戦後ではない)"라고 선언, 패전 직후의 어려운 상황에서 벗어났음을 알리고 있습니다.

한국전쟁을 계기로 일본 경제는 국민총생산, 1인당 소비, 소득수준 등 경제부문의 각 지표가 전전 수준을 웃돌아 생산시설의 공급능력에 한계를 드러내었습니다. 이에 자동차, 전력, 해운, 철강, 석유화학 등 각 산업부문에서는 기술을 도입하여 신설설비능력을 강화하게 됩니다. 이를 계기로 석유정제, 철강, 기계, 금속, 자동차 등 중화학공업 부문에서 대기업에 의한 대형설비투자가 급속히 이루어져 중화학공업이 일본을 대표하게 되었던 것이지요. 이러한 상황을 배경으로 일본은 고도 경제성장기에 진입하게 됩니다. 일본의 중화학공업화율은 1960년에 이미 60%에 달하여 선진국 수준에 육박하였습니다. 이케다 수상이 1960년 소득배증계획을 발표한 것은 이를 배경으로 해서였습니다.

한국전쟁의 특수를 계기로 일본이 전후의 폐허에서 벗어났다면 1965년 부터 시작된 베트남 전쟁은 일본이 고도 경제성장을 할 수 있는 또 한 번의 기회를 가져다주었습니다. 앞서 언급한 바와 같이 패전 후의 폐허화된 일본 경제를 회복시키는 데 결정적 역할을 한 것은 한국전쟁에 의한 특수였습니다. 그리고 이후 베트남 전쟁으로 고도 경제성장 시대를 맞이하게 되었던 것이지요. 베트남 전쟁에서 최대의 경제적 이익을 누린 것은 바로 일본이었습니다. 실제로 베트남 전쟁이 확대되던 시기(1964-1969)에 미국이 일본에 지출한 군사비는 1967년 한 해를 제외하고서는 미국이 베트남에 지출한 군사비를 상회할 정도였습니다.[16]

한국전쟁과 베트남 전쟁은 미국의 선진기술을 흡수하는 중요한 창구가 되기도 했습니다. 양 전쟁 시기에 일본은 미국에 거대한 기지와 정비공장을 제공함으로써 미국의 선진기술을 습득할 많은 기회를 얻을 수 있었습니다. 특히 소련과의 냉전을 시작으로 한국전쟁, 베트남 전쟁을 거치면서 미국의 국방예산은 크게 증가하였으며 국방 관련 연구개발비 또한 크게 증가한 반면, 민생부문의 연구개발비는 크게 억제되고 있었습니다.

이와는 대조적으로 일본은 미국의 안보 우산 아래에서 국방비를 거의 사용하지 않고도 민생부문의 연구개발비에 자금을 집중하여 민생부문의 기술개발에 박차를 가할 수 있었습니다. 일본이 안전보장에 거의 무임승차함으로써 경제발전과 민생부문의 기술개발이 가능했다는 것이지요. 1968년에 이미 일본은 독일을 제치고 세계 제2위의 경제 대국으로 우뚝 섰습니다. 1960년대부터 1973년의 석유 위기 발생까지의 고도 경제성장기에 일본은 연율 10% 전후, 이후 1990년까지는 연율 4-5%의 경제성장을 나타내었습니다.

패전으로부터 40년 후, 1985년 일본은 세계 최대의 채권국이 되었습니다. 반면 미국은 세계 최대의 채무국이 되었습니다. 산업의 쌀이라는 반도체의 세계시장 점유율은 미국을 제치고 세계 제1위가 되었습니다. 위기감을 느낀 미국의 강요로 엔화의 절상이 이루어졌습니다. 바로 '플라자합의'입니다. 연이어 베를린 장벽의 붕괴와 사회주의 소련의 해체가 잇따랐습니다. 그리고 일본에서는 소위 '버블붕괴'가 나타났습니다.

2) 탈냉전적 국제질서와 일본

냉전이 붕괴된 1991년 이후 일본의 성장율은 대체적으로 0-2%대를 기록하였습니다. 심지어 마이너스 성장율을 기록한 해도 있었습니다 1990년부터 동시에 나타나기 시작한 냉전의 붕괴, 그리고 일본의 경제침체가 어떤 관계가 있는지는 모르겠습니다. 냉전의 붕괴와 일본 경제의 정체가 어떤 관계가 있는지는 경제학자가 분석해야 할 몫으로 남겨두겠습니다.

그렇다면 전전 대일본제국과 전후 일본국을 둘러싼 동북아시아의 주위 환경은 어떨까요? 국가의 성격은 다르지만 국가 간 대립 구도가 크게 변한 것으로 보이지는 않습니다. 우선 러시아와 중국, 북한은 정치적으로 독재체제입니다. 경제체제 또한 표면적으로는 사회주의 경제체제를 취하고 있습니다. 반면 미국, 일본, 한국은 민주주의 체제이면서 자유시장 경제체제를 표방하고 있습니다. 전전 대일본제국이 미국과 충돌하기 이전까지의 대립 구도입니다.

대일본제국 시기 이 지역의 질서는 일본이 러시아, 중국과 대립하는 구도였습니다. 현재의 대립 구도는 일본과 미국이 러시아, 중국과 대립하는 양상으로 나타나고 있습니다. 소위 해양세력과 대륙세력의 대치상태로 나타나고 있지요. 전전 대일본제국의 생명선이 한반도와 만주였다면, 전후 일본국에 있어서도 한반도는 여전히 일본 본토를 지키기 위한 가장 중요한 방위선입니다. 한반도를 둘러싼 환경이 그렇다면 전후 새롭게 태어난 일본이라는 국가의 성격과 제복조(制服組, 군부)의 영향력은 전전과 비교하여 어떨까요?

전전의 대일본제국과 비교하여 전후의 일본에서 제복조의 영향력은 미미합니다. 일본 경제에서 차지하는 군수산업의 비중 또한 미미합니다. 전쟁의 쓰라린 경험에서 무기수출3원칙, 비핵3원칙 등과 같은 비군사적 규범을 만들었을 뿐 아니라 잘 지켜 왔습니다. 평화헌법의 토대 위에 전전의 군국주의 일본과는 다른 모습을 보여주었습니다. 이런 점에서 전후 일본의 국가는 그 속성이 전전과는 많이 다릅니다.

그럼에도 불구하고 전후의 일본 사회가 전전과 완전 결별한 것은 아닙니다. 실제로 미 점령시기 이루어졌던 전쟁 책임자에 대한 처벌은 냉전 격화와 함께 제대로 이루어지지 못했습니다. 전전 일본의 지배 엘리트들은 전후 다시 일본의 지배층으로 복귀했습니다. 그들의 사고체계 또한 여전히 강한 영향력을 미치고 있습니다.

이는, 정권의 교체와 상관없이, 전시동원체제 시대의 정치정향과 사고체계를 뒷받침하는 세력이 여전히 강건하다는 것을 의미합니다. 실제로 탈냉전 이후 일본 경제의 침체와 함께 일본 사회가 보여주는 모습들은 조금은 우려스러운 모습이 있습니다. 이들은 과거사에 대한 재해석을 통해 일본의 침략을 부인합니다. 그리고 국민의 애국심을 강조하고 헌법을 개정하여 일본의 군사적 역할을 강화하고자 합니다.

전후 견지해 왔던 무기수출금지는 형해화되었습니다. 군사연구를 하는 단체와 연구자를 보호하기 위하여 특정 비밀보호법도 새로이 만들었습니다. 전후 일본의 학계에서 금지해 왔던 학자들의 군사연구는 익명성과 비밀의 장막 속에서 훨씬 용이하게 되었습니다. 전후의 일본 사회가 노력해서 만들어 왔던 비군사적 규범들이 거의 폐지된 것입니다. 이러한 움직임이 우려스러운 점은, 이러한 현상들이 일본 경제의 장기적 침체와 맞물려서 나타났다는 점입니다.

일본의 방위정책을 살펴볼까요? 전후 일본의 방위정책은 미국의 강력한 통제 하에 놓여 있었습니다. 이는 곧 미국의 군사적 의도가 일본의 방위정책에 결정적이라는 의미입니다. 그러나 두 나라 간의 세력관계는 항상 변합니다. 오늘날의 미일관계는 패전 직후의 미일관계와는 다릅니다.

냉전 시기를 관통하여 나타났던 미일 관계가 보호자와 피보호자의 관계였다면, 탈냉전 이후의 미일 관계는 글로벌 파트너의 관계입니다. 따라서 미일 동맹 관계에서 일본이 차지하는 위상 또한 과거와는 다릅니다. 이러한 상황을 반영하여 나타난 것이 아베 정권의 새로운 국가 정체성 모색입니다. 미국은 이를 묵인할 뿐 아니라 오히려 지지하고 부추기는 모습을 보입니다.

전쟁을 어떻게 방지할 것인가에 대해 많은 학자들은 오랫동안 논의를 거듭해 왔습니다. 한편으로는, 전쟁을 방지하기 위해 국가들이 어떻게 행동하는가에 초점을 맞추었다면, 또 다른 한편으로는, 전쟁을 방지하기 위해 국가들은 어떻게 행동해야 하는가에 초점을 맞추었습니다. 현실주의와 이상주의의 출발입니다. 전자는, 상대국의 침략에 대항하기 위한 군사력 강화를 주장합니다. 후자는, 세계정부와 같은 국제기구를 만들어 각국의 분쟁을 관리하거나 국가 간 인적, 경제적 교류를 늘림으로써 상호의존을 심화시키는 방법을 제시합니다.

청일전쟁과 러일전쟁은 힘이 없는 상태에서 평화를 추구한다는 것이 얼마나 부질없는지를 잘 보여주고 있습니다. 청일전쟁에서의 조선은 일본과 교전을 했음에도 불구하고 그 존재감조차 찾아보기 어렵습니다. 러일전쟁에서의 조선은 대외적인 중립선언에도 불구하고 일방적인 침략을 당했습니다. 청일전쟁이 조선전쟁으로 시작되었다면, 러일전쟁은 대한제국에 대한 일본의 일방적인 침략으로 시작되었습니다. 힘이 없는 조선과 대한제국은 무기력하게 당할 수 밖에 없었습니다.

그러나 힘을 통한 견제와 균형으로만 전쟁을 방지할 수는 없습니다. 상대에 대한 신뢰가 없는 상황에서의 군사력 증강은 상호 군비경쟁을 초래하여 긴장과 갈등, 불신을 초래할 뿐입니다. 자원 낭비 또한 무시할 수 없습니다. 교류, 협력을 통한 신뢰구축이 필요한 이유입니다

조선 말기 또는 대한제국 시기와 비교하여 오늘날 한반도를 둘러싼 국제적 환경은 어떨까요? 과거와 다른 환경이기는 하지만 행위자는 여전합니다. 분단으로 오히려 북한이라는 행위자가 하나 더 추가되었습니다. 정권의 변화에 따라 남북관계가 출렁입니다. 그러나 우리가 명심해야 할 것은 평화가 최종목표라는 점입니다. 전쟁은 수단에 불과합니다. 물론 굴종적인 상태의 평화는 곤란하겠지요. 북한을 위시한 주변 모든 국가와 어떻게 하면 당당하면서도 평화로운 관계를 수립, 유지할 것인지 머리를 맞대야 할 때입니다. 현실주의적 처방에 충실하면서도 이상을 추구하는 지혜를 발휘했으면 좋겠습니다. 내부적으로는 조용히 힘을 키우면서, 대외적으로는 미소를 짓는 것이 최선이 아닐까 생각합니다.

미주

1__ 전쟁이란?

1. 이춘근(2020). 63-72.

2. 이 부분에 대해서는, 21세기정치연구회 엮음(2020). 특히 제4장을 참고할 것.

3. 조지프 나이 지음/양준희 · 이종삼 옮김(2009). 72-79.

4. 나이(Nye)에 의하면, "국제체제에서 과정은, 체제의 구조(양극체제에서의 과정은 유연성이 떨어지는 경향이 있다), 구조를 둘러싸고 있고 국가들이 협력하는 동기 및 가능성을 결정하는 문화적 · 제도적 배경, 국가가 그 목적에서 혁명적인가 온건한가의 여부"에 의해 결정된다. 조지프 나이 지음/양준희 · 이종삼 옮김(2009). 78.

5. 왈츠(Waltz)는 루소(J. J. Rousseau)와 스미스(A. Smith), 마르크스(K. Marx) 등 많은 저명한 사상가들이 논한 전쟁원인을 정치인, 국가, 국제체제라는 세 수준으로 체계화하여 분석하고 있다. 이에 대해서는, 케네스 왈츠 저/정성훈 역 (2007)을 참고할 것.

6. 토머스 L. 프리드먼/신동욱 옮김(2000). 435-439.

7. 홉슨(J.A. Hobson) 저/신홍범 외 번역(1993).

8. 김용학(1992). 8.

9. 이머뉴엘 월러스틴 지음/성백용 옮김(1994). 179-195, 나종일(1997). 234-261.

10. 나종일(1997). 239-241.

11. 吳甲煥(1994). 72-79.

12. 吳甲煥(1994). 18-20.

13. 전경갑(2003). 10-11.

14. 앨빈 굴드너 지음/김홍명 옮김(1984).

15. 중국혁명의 이런 측면 때문에 찰머스 존슨(Charlmers Johnson)은 중국혁명을 노동자가 주축이된 사회주의 혁명이 아니라 '농민혁명(peasant revolution)'으로 보았다. 이에 대해서는, 찰머스A .존슨 지음/서관모 옮김(1985)을 참고할 것.

16. Nelson and Olin(1979). 69-91.

17.　Nelson and Olin(1979). 8-68.

2__ 근대의 출발과 근대국가의 등장

1.　이영효(2015). 128.

2.　크리스토퍼 피어슨(1997). 19-58.

3.　이에 대해서는, 이춘근(2020). 46-53; Charles Tilly(1985)을 참고.

4.　주권이라는 개념은 원래 중세 말기 군주가 왕국의 통치를 확고히 하기 위한 의도를 정당화하기 위해 개발된 것이다. 당시 계속된 전쟁과 종교계의 부패를 비판하면서 교회가 가진 권위를 벗어나기 위해서는 법을 만들 수 있는 권력이 있어야 할 뿐 아니라 이 법에 의한 통치를 절대적으로 만들 필요가 있었다. 이에 그 어떤 권위로부터도 제약받지 않는 '절대적이고 통제받지 않는 권위'로서 주권이 등장한 것이다. 이렇게 등장한 근대국가를 더욱 강력하게 만든 힘은 본문에서 언급한바와 같이 바로 전쟁이었다.

3__ 군사혁명과 유럽의 팽창, 폭력의 세계화

1.　당시의 프랑스에서 젊은이뿐 아니라 모든 국민이 전쟁에 동원되었다는 것은 다음과 같은 법령에서 여실히 드러난다. "모든 프랑스 국민은 군 복무를 위해 징발된다. 젊은 남성은 전선의 전투부대에 참가하고, 기혼남성은 무기를 만들거나 군수품을 수송하며, 여성은 천막이나 의복을 만들거나병원에서 복무하고, 어린이는 낡은 아마포로 붕대를 만들며, 노인은 광장에 나가서 병사들의 용기를 북돋우고 공화국의 단결과 국왕에 대한 증오를 선전한다." 윌리엄 맥닐/신미원 옮김(2013). 259.

2.　윌리엄 맥닐 지음/신미원 옮김(2013). 299-408.

3.　이를 프리더만은 '첫 번째 세계화'라고 한다. 토머스L . 프리드먼/신동욱 역(2000). 25.

4. 金宗炫(1991), 30-45.

5. 산업자본주의 단계의 기술은 경험으로 개발된, 단순하고도 소규모 자본으로도 도입할 수 있는 것이며, 기업도 소액의 자본으로 설립, 운영 가능한 것이었다. 이에 비해, 독점자본주의 단계에서의 기술은 과학적 지식이 뒷받침된 철강, 화학 및 전기공업을 중심으로 나타난 기술이었으며, 기업형태 또한 주식회사 조직의 대기업으로 나타난다. 金宗炫(1991), 30-31.

6. 주경철(2009), 45-112.

7. 주경철(2009), 21-26.

8. 강정인(2004).

4__ 아편전쟁과 서구적 표준의 확대

1. 이에 대해서는, 21세기정치연구회 엮음(2020), 특히 제3장을 참고할 것.

2. 이삼성(2009), 159-185.

3. 이런 측면에서, 동아시아의 국제질서를 물류와 교역이라는 경제적 네트워크에 주목하는 학자도있다. 하마시타 다케시(濱下武志)의 '조공무역체제론'은 조공이 경제적 유인이라는 측면에서 만들어진 이 지역의 경제 네트워크라는 점을 강조하고 있다. 즉 주변국이 조공에 참여하는 유인은'강력한 중국'이 아니라 '부유한 중국'이라는 것이다. 이에 대해서는, 하마시타 다케시 지음/서광덕 · 권기수 옮김(2018)을 참고할 것.

4. 문정인 · 김명섭 외(2007), 95-98.

5. 그리스 복수의 여신인 '네메시스(Nemesis)'를 본떠서 명명된 것임.

6. 조준 방향을 바꿀 수 있도록 회전 지지대로 장착한 함포.

7. 문정인 · 김명섭 외(2007), 105-106.

8. 주경철(2009), 26-44.

5__ 아편전쟁의 충격과 일본의 근대화

1. 이 시기 미국의 정책은 네덜란드나 영국과 마찬가지로 교역기회의 균등을 강조하는가 하면, 영토보존을 역설하는 등 산업자본주의 시기의 제국주의 정책을 취함으로

써 다른 제국주의 국가들과는 다소 다른 차이점을 나타낸다. 이를 William A. Williams는 '문호개방 제국주의'라 칭하고 있다. 이에 대해서는, William A. Williams/박인숙 역 (1995)을 참고할 것.

2. 야마모토 요시타카 저/서의동 옮김(2019). 18.

3. 에도 막부가 설립한 해군 교육기관.

4. 야마모토 요시타카 저/서의동 옮김(2019). 21.

5. 야마모토 요시타카 저/서의동 옮김(2019). 73-74.

6. 이에 대해서는, 井上淸 著(1953)를 참고할 것.

7. 이에 대해서는, 다카시 후지타니 지음/한석정 옮김2(004)을 참고할 것.

8. B. Moore/진덕규 역(1990).

9. B. Downing(2020).

10. 이삼성(2009). 149.

6__ 조선전쟁, 청일전쟁과 중화질서의 붕괴

1. 이삼성(2009). 157-227.

2. 이 무렵부터는 일본의 민간에서도 조선에서 청나라 세력을 몰아내자는 운동이 나타나 청나라에 대한 강경론을 주장하는 목소리가 커지고 있었다.

3. 박영준(2020). 108-116.

4. 와다 하루키 지음/이웅현 옮김(2019). 211.

5. 와다 하루키 지음/이웅현 옮김(2019). 214-219.

6. 당시 청나라 내에서는 리훙장의 개전 회피론에 반대하는 주전론의 움직임도 있었다.

7. 후지무라 미치오(1997). 155; 이삼성(2009), 354.

8. 金宗炫 著(1991). 134-135.

9. 이에 대해서는, 오타니 다다시 지음/이재우 옮김2(018)을 참고할 것.

10. 박종인(2022).

11. 앤드루 고든 지음/김우영 옮김(2005). 229.

7__ 러일전쟁과 일본의 대륙침략

1. 당시 가쓰라 수상, 고무라 외상, 그리고 원로 이토, 야마가타 네 사람의 수뇌회담이었다. 가쓰라와 고무라는 마음 속에 이미 러시아와의 전쟁을 각오하고 있었던 것으로 나타나고 있다. 야마가타 또한 "조선을 지배하는 자는 남만주를 지배해야 하며, 남만주를 지배하는 자는 조선의 지배를 노리게 된다"라는 입장이었다. 반면, 이토는 여전히 양국의 합의를 추구하고 있었던 것으로 보인다. 이 회의에 관한 문서자료는 없으며, 기록도 남아 있지 않다. 따라서 이 회의에 대한 해석은 참석자들의 평전, 전기 등에 근거한 것이다. 이에 대해서는, 와다 하루키 지음/이웅현 옮김(2019). 737-742를 참고할 것.

2. 문정인 · 김명섭 외(2007). 166.

3. 문정인 · 김명섭 외(2007). 161.

4. 러시아 내에는 이러한 정책에 대해 반대하는 세력도 당연히 존재했다. 당시 만주 지역과 한반도를 둘러싼 러시아 내 강경파와 온건파의 움직임에 대해서는, 와다 하루키 지음/이웅현 옮김(2019). 828-838.

5. 김명섭(2007)은 그 이유로서 당시 러시아 내 세력들의 다음과 같은 태도를 들고 있다. 일본의 군사력을 과소평가한 군부의 주전론자들, 노동자들의 소요와 농민봉기로 인한 국내정세의 불안정을 전쟁과 같은 대외적 요인으로 해결하고자 하였던 정치인들, 만주와 한국의 광산과 삼림개발에 이해관계를 가지고 있었던 세력들의 권력 장악, 우유부단하면서 확실한 정책을 제시하지 못했던 차르 등의 태도가 그 요인이라는 것이다. 즉 모두가 일본과의 전쟁을 원하지 않으면서도 러시아가 전쟁에 빠지도록 몰고 갔다는 것이다. 문정인 · 김명섭 외(2007). 165-170.

6. 일본과의 전쟁을 피하기 위한 노선상 차이란, 일본에 양보하는 노선과 러시아의 강인함을 보여 일본의 전쟁 의지를 꺾는다는 두 노선을 의미한다. 문정인 · 김명섭 외(2007). 164.

7. 후에 시프가 다카하시에게 밝힌 바에 의하면, 융자 이유는 러시아의 반유대주의에 대한 보복이었다고 언급했다고 한다. 러일전쟁 후인 1906년 시프는 일본 정부의 초청을 받아 메이지 천황으로부터 1등 최고훈장을 받기도 했다. 이후에도 시프의 제정

러시아 타도 공작은 일관되게 계속되었다. 제1차 세계대전을 전후하여 대부분 국가에 융자를 확대하였음에도 제정러시아에 대한 자금제공은 거부하거나 방해하였다. 1917년에는 레닌과 트로츠키에게 각각 2천만 달러의 자금을 제공하여 러시아혁명을 지원한 것으로 알려졌다.

8. 근대 일본 육군의 부대 단위에서 군은 5만 이상의 병력으로 구성된, 2-4개의 군단 또는 사단으로 이루어진 부대 단위이다.

9. 러일전쟁의 개전을 전후한 사태전개에 대해서는, 와다 하루키 지음/이웅현 옮김(2019). 제9장을 참고할 것.

10. 와다 하루키 지음/이웅현 옮김(2019). 1187.

11. 3월 10일은 이듬해 일본의 육군기념일로 지정되었다.

12. 현재 라트비아 서부, 발트해 연안에 있는 항구.

13. 어뢰를 장착하여 적 함정에 대한 공격을 주 임무로 하는 소형(50-200톤) 전투함정. 주로 1870년대부터 1900년대에 걸쳐 건조, 사용되었다. 이후 적 전투함과의 교전을 위한 구축함으로 대체되었다.

14. 배의 아랫부분이 물에 잠기는 깊이.

15. 화물선에 화기를 갖춘 무장상선의 일종이다. 흑해에 주둔하고 있었던 러시아의 흑해함대는 런던조약으로 흑해를 벗어나는 것이 금지되어 있었다. 따라서 화물선으로 위장하여 함대에 합류하였다. 순양함이란 명칭이 붙어 있으나 민간선을 개조한 함정이기 때문에 군함과는 선체 구조가 다르다.

16. 홋카이도 남쪽과 혼슈 북쪽의 아오모리현 사이에 있는 해협으로 동해(일본해)와 태평양을 연결하는 해협이다.

17. 홋카이도 북쪽과 러시아의 사할린 사이에 있는 해협으로 동해(일본해)와 오호츠크해를 연결하는 해협으로 가장 좁은 지역은 약 42킬로미터에 불과하다.

18. 전함 6척, 기타 15척이다. 이 가운데에는 포획을 피하려고 자침(自沈)한 것도 포함되어 있다.

19. "히비야 습격 사건(日比谷焼き打ち事件)"이다.

20. 야마다 아키라 지음/윤현명 옮김(2014). 36-39.

21. 야마다 아키라 지음/윤현명 옮김(2014). 40-41. 러일전쟁 이후 시작된 세계적인 '군

함 건조 경쟁의 시대'는 군비축소를 결정한 워싱턴 회의(1922년) 때까지 계속된다.

22. 극적이고 영웅적이었던 이 승리의 경험으로 이후 일본 해군은 전략적 유연성을 상실해버리고 말았다는 평가가 있다. 즉 대한해협에서의 극적인 승리로 일본 해군은 제2차 세계대전에서 항공기의 유효성을 일찍 간파했음에도 불구하고 대함거포주의(大艦巨砲主義)에서 탈피할 수없어서 패배를 거듭하는 원인(遠因)이 되었다는 것이다.

23. 한도 가즈토시 지음/박현비 옮김(2010). 25.

8__ 군부의 폭주와 만주 사변

1. 전후 극동국제군사재판에서 관동군 참모였던 다나카 류키치(田中隆吉)가 검사 측 증인으로 나와 장줴린 폭살 사건, 상하이 사변 등이 일본 육군의 모략에 의한 것이라고 증언하여 커다란 충격을 주었다. 이에 대해서는, 호사카 마사야스 지음/정선태 옮김(2016)을 참고할 것.

2. '사변'이란 '사건'보다는 규모가 큰 소란 또는 비상사태를 뜻한다. '선전포고 없는 전쟁상태'에도 사용된다. 즉 선전포고가 있었는가, 없었는가에 따라 명칭이 달라지는 것이다. 그러나 만주 사변의 경우 중국과 일본이 서로 생각하는 바가 달랐다. 당시 국제연맹규약이나 파리부전조약(1928)에서는 국제분쟁을 해결하는 수단으로 전쟁을 일으키는 것은 금지되어 있었다. 따라서 일본은 '전쟁이 아니다'라고 주장함으로써 국제적 비난을 피하고자 하는 의도가 있었다. 중국의 경우, '전쟁'이라고 하면, 전시 국제법의 '중립의무' 조항 때문에 교전국 이외의 제3국(중립국)으로부터 원조를 받을 수 없었다. 즉 '전쟁'이라고 하면, 당시 중립국이었던 미국으로부터의 원조에 크게 의존하고 있었던 중국은 미국으로부터 원조를 받을 수 없게 되는 것이다. 물론 당시 일본도 원유를 미국에 의존하고 있었기 때문에 마찬가지였다.

3. 국가 차원에서 전 국민이 동원되기 시작한 것은 프랑스 혁명 때의 국민 총동원령으로 거슬러 올라간다. 이에 대해서는, 윌리엄 맥닐 지음/신미원 옮김2(013). 특히 제6장을 참고할 것.

4. 金宗鉉 著(1991). 135.

5. 한도 가즈토시 지음/박현미 옮김(2010). 55-58.

6. 한도 가즈토시 지음/박현미 옮김(2010). 76-79.

7. 정태헌(2022). 332

8. 한도 가즈토시 지음/박현미 옮김(2010). 100.

9. 한도 가즈토시 지음/박현미 옮김(2010). 111-118.

10. 가토 요코 지음/윤현명 이성혁 옮김(2018). 340.

11. 〈국가개조안원리대강〉이란 제목으로 비밀리에 47부만 인쇄되었음에도 불구하고 많은 파문을 불러일으키며 당시 일본 사회에 큰 영향을 미쳤다. 당시 도쿄제국대학의 학생이었던 기시 노부스케도 이에 큰 영향을 받은 것으로 알려져 있다. 기타 잇키의 〈일본개조법대강〉이 나오게 된 배경, 경위와 내용 등에 대해서는, 마쓰모토 겐이치/정선태 · 오석철 옮김(2010). 650-715와, 北一輝(1964). 3-40을 참고할 것.

12. 北一輝(1964). 11-28.

13. 北一輝(1964). 34-37. 기타 잇키의 이러한 주장은 이후 대동아공영권으로 발전되어 나간다. 기타(北)의 이러한 주장은 독일 민족의 생활권 확장을 주장하는 나치즘의 레벤스라움(lebensraum)과 비슷한 점이 있다.

14. 陸軍省新聞班(1964). 266-282.

15. 육 · 해군 대신의 자격을 현역 군인에 한정한 제도이다. 메이지 정부 초기(1871년) 이 제도가 존재했으나 이후 그 자격을 군인에 한정하지 않는 시기도 존재했다. 그러나 2.26 사건 후 군부대신현역무관제가 부활함으로써 패전 시까지 존속하게 된다.

16. 한도 가즈토시 지음/박현미 옮김(2010). 148-150.

17. 金宗鉉 著(1991). 223.

18. 森武麿 外(2002). 1-2.

19. 金宗鉉 著(1991). 133-135.

20. 金宗鉉 著(1991). 137.

9__ 전선의 확대와 중일전쟁

1. 대장정 와중이었던 1935년 1월, 귀주성 북부의 쭌이(遵義)에서 열린 중국공산당 중

앙정치국 회의에서였다. 이 회의에서는 이전의 군사 노선에 대한 비판이 행해지면서 마오쩌둥과 저우언라이(周恩來)를 중심으로 새로운 지도체제가 갖추어졌다. 이 회의를 계기로 당시까지 중국공산당의 권력을 장악하고 있었던 볼셰비키 그룹과 소련공산당의 영향력은 대폭 축소되었다. 이에 대해서는, 서울대 국제문제연구소 編(1990). 342-344 ; 서진영(1992). 173-179를 참고할 것.

2. 장쉐량은 만주 지역의 대군벌로 관동군에 폭살 당했던 장쭤린의 장남이었다. 장쉐량은 아버지를 일본군의 철도폭파로 잃었을 뿐 아니라 만주 사변 때부터 항일을 주장하였으나 장제스에게 거부당한 적이 있었다.

3. 섬감령 변구, 즉 연안 공산주의 시기에 중국공산당은 자신들의 주요 이론인 신민주주의론을 실제통치에 적용하면서 비약적인 성장을 이루었다. 이를 체계적으로 정리하여 제시한 문건이 마오쩌둥의 〈신민주주의론〉(1940/1))이다. 이에 대해서는, 서진영(1992). 236-259 ; 장 세노 외/신영준옮김(1982). 307-317을 참고할 것.

4. 당시 연대장은 무다구치 렌야 대좌로서 2.26 사건 후 육군 중앙에서 중국 톈진으로 좌천된 인사였다. 태평양전쟁에서는 임팔작전에서 무모한 작전을 펼쳤던 인사로 알려져 있다.

5. 이러한 구상이 이후 전함 야마토와 무사시의 탄생으로 나타나게 된다.

6. 이 외에도 당시 미국의 국내 사정이 남북전쟁1(861.4-1865.4)으로 인하여 다른 나라에 관심을 가질 여유가 없었다는 점도 크게 작용했다.

7. 한도 가즈토시 지음/박현미 옮김(2010). 188.

8. 본문의 앞부분에서 언급한 바와 같이, 대표적 인물로는, 요나이 미쓰마사(전임 총리), 요시다 젠고(해군 대신), 야마모토 이소로쿠(해군 차관)를 들 수 있다. 특히 진주만 공격 당시 연합함대 사령관으로서 작전을 입안, 지휘했던 야마모토의 경우 테러리스트의 표적이 될 정도로 자기 소신이 강했던 것으로 알려져 있다. 외부의 협박에 대해 유서까지 쓸 정도로 자신의 의사를 굽히지 않았다고 한다.

9. 막부 말기 미일 간에 체결되었던 최초의 조약은 1858년의 미일수호통상조약이었다. 일본이 서구5개국과 맺었던 조약과 마찬가지로, 이 조약은 영사재판권(치외법권), 관세자주권 등이 없는 불평등조약이었다. 이것을 개정하여 다시 맺었던 것이 1894년 조인, 1899년 발효한 미일통상항해조약이다. 이 조약에서는 영사재판권의 폐지, 관세

자주권의 회복이 이루어졌다. 이후 1911년 구 조약의 종료와 동시에 신조약을 맺어 관세자주권의 완전한 회복이 이루어졌다. 그러나 1939년 7월26일 미국은 일본의 중국 침략에 항의하여 조약 폐기를 통보함으로써 1940년 1월 26일, 이 조약은 효력을 상실했다.

10. 1939년 9월 1일에 독일이 폴란드를 침공하자 이틀 후인 3일 영국과 프랑스는 독일에 선전포고함으로써 제2차 세계대전은 시작되었다. 독일군은 전광석화 같은 공격 전략으로 1940년대 전반 무렵에 이미 덴마크, 벨기에, 네덜란드, 프랑스 등을 점령했다. 그리고 프랑스에는 비시 정권이라는 독일의 괴뢰정권을 수립하였다. 따라서 이미 독일과 우호적인 관계를 유지하고 있던 일본은 프랑스의 식민지였던 인도차이나에 침공하기가 쉬웠다. 본문에서 언급한 바와 같이, 독일의 초기 승리에 고무된 일본은 1940년 9월 27일 독일, 이탈리아와 함께 3국동맹을 결성하게 된다.

10__ 전선의 확대 : 중일전쟁에서 아시아 · 태평양전쟁으로

1. 이에 대해서는, 김명섭(2007). 197-200을 참고할 것.

2. 국가 간의 전쟁은 그 수준과 규모에 따라 패권전(hegemonic war), 전면전(general war), 그리고 제한전(limited war)으로 분류할 수 있다. 패권전은 두 차례에 걸친 세계대전과 같이 국제정치의 판도를 결정하는 강대국 간의 대규모 전쟁을 말한다. 전면전은 대규모 충돌이기는 하지만 특정 지역에 제한된 형태의 전쟁을 의미한다. 지역적으로도, 기능적으로도 제한된 전쟁이 제한전이다. 이 외에도 전쟁은 그 강도에 따라 저강도 분쟁(low intensity conflict), 중강도 분쟁(mid-intensityconflict), 고강도 분쟁(high-intensity conflict)으로 나눈다. 문정인 · 김명섭 외(2007). 17-18.

3. 山田朗/윤형명 옮김(2014). 233.

4. 문정인 · 김명섭 외(2007). 214.

5. 小熊英二(2002). 29-34.

6. 당시 일본이 가진 항공모함은 9척이었지만 6척이 정규 항공모함이고 3척은 상선을 개조한 것이었다. 상선을 개조한 항공모함은 방위력이 약하고 실을 수 있는 비행기 수도 적어서 정규 항공모함으로서 기능하지 못했다. 따라서 미드웨이 해전에서의 4척 침몰은 일본 연합함대가 가진 항공모함 전력의 거의 60% 이상을 잃은 것이었다.

7. 한도 가즈토시/박현미 옮김(2010). 348-349.

8. 사이판섬에서의 양국 전투에 대해서는, 존 톨런드(John Toland) 지음/박병화 · 이두영 옮김 (2019), 752-782를 참고할 것.

9. 필리핀 군도에서 가장 큰 섬은 민다나오와 루손섬으로서 이 두 섬이 전체 면적의 2/3 이상을 차지하고 있다. 레이테는 크기가 민다나오섬의 1/13에 불과하지만, 군도의 중앙에 있었기 때문에 전략적으로 중요한 섬이었다. 존 톨런드(John Toland) 지음/박병화 · 이두영 옮김(2019). 822.

10. 이 전투에서 일본은 항공모함 4척, 전함 3척, 중순양함 6척, 경순양함 3척, 구축함 10척, 총 3십만 톤에 이르는 함정을 잃었다. 이는 진주만 공격 이후 전 일본군이 입은 손실의 1/4이 넘는 규모였다. 당시 세계에서 가장 큰 전함 중 하나였던 '무사시'가 이 전투에서 침몰했다. 또 다른 전함 '야마토'는 이후의 오키나와 전투에서 침몰했다. 미군의 레이테만 상륙과 전투에 대해서는, 존 톨런드(John Toland) 지음/박병화 · 이두영 옮김(2019), 820-882를 참고할 것.

11. 당시 일본 사회의 분파주의, 군수공장의 실태 등에서 나타나는 모럴(moral) 붕괴에 대해서는, 小熊英二(2002). 29-65를 참고할 것.

12. 당시 오키나와 주둔 일본군의 편제와 전투에 대해서는, 존 톨런드(John Toland) 지음/박병화 · 이두영 옮김(2019). 1070-1100, 그리고 유진 B. 슬레지 지음/이경식 옮김(2019)의 제2부를 참고할 것.

11__ 제국 일본의 전쟁 : 결론과 교훈, 그리고 전후

1. 전전 천황에 대한 광적인 믿음은 우에스기 신키치 도쿄대 교수의 주장, 그리고 천황기관설을 둘러싼 논쟁을 통해 엿볼 수 있다. 이에 대해서는, 다치바나 다카시 지음/이규원 옮김(2008)을 참고할 것.

2. 이에 대해서는, 정태헌(2022). 370-376; 〈MBC 이제는 말할 수 있다(51회)-천황을 살려라, 도쿄전범재판의 흑막〉(2002/03/03)을 참고할 것.

3. 당시 가쓰라와 고무라의 경우 각각 수상, 외상이었지만 이토와 야마가타는 소위 '원로'라는 헌법상 존재하지 않는 직책이었다. 원로원은 메이지 초기 설치되었던 기구였지만 제국 의회의 개설과 함께 폐지되었기 때문에 이 시기에는 더 이상 공식적인 기

구가 아니었다.

4. 이에 대해서는, 김진기(2012). 22-25를 참고할 것.

5. 이에 대해서는, 다카시 후지타니 지음/한석정 옮김(2004)을 참고할 것.

6. 金宗鉉 著(1991). 143.

7. 金宗鉉 著(1991). 215.

8. 金宗鉉 著(1991). 217-218.

9. 金宗鉉 著(1991). 223.

10. 金宗鉉 著(1991). 238-239.

11. 持株會社整理委員會 編(1951). 156.

12. 레이첼 매도 지음/박종서 옮김(2019). 11.

13. 시드니 렌즈 外 著/서동만 譯(1984). 16.

14. 이를 남기정은 '기지 국가'라는 용어로 개념화하였다. 한국전쟁이 일본에 미친 경제적 영향에 대해서는, 남기정(2017). 제3장을 참고할 것.

15. Ruttan(2001). 443-444.

16. 맥코맥 외/백계문 옮김(1984). 18-21.

참고 자료

21세기정치연구회 엮음(2020). 『정치학으로의 산책(제4 개정판)』. 한울아카데미.

강정인 지음(2004). 『서구중심주의를 넘어서』. 아카넷.

가토 요코 지음/윤현명 이성혁 옮김(2018). 『그럼에도 일본은 전쟁을 선택했다』. 서해문집.

고모리 요이치 외/김경원 옮김(2016). 『전쟁 국가의 부활』. 책담.

김용학 저(1992). 『사회구조와 행위』. 나남.

金宗炫(1991). 『近代日本經濟史』. 比峰出版社.

김진기 지음(2012). 『일본의 방위산업: 전후의 발전궤적과 정책결정』. 아연출판부.

나종일(1992). 『세계사를 보는 시각과 방법』. 창작과 비평사.

남기정(2017)). 『기지국가의 탄생: 일본이 치른 한국전쟁』. 서울대학교 출판문화원.

다치바나 다카시 지음/이규원 옮김(2008). 『천황과 도쿄대 1, 2』. 청어람미디어.

다카시 후지타니 지음/한석정 옮김(2004). 『화려한 군주』. 이산.

레이첼 매도 지음/박종서 옮김((2019). 『전쟁 국가의 탄생(DRIFT-The Unmooring of American Military Power)』. 갈라파고스.

마쓰모토 겐이치/정선태 · 오석철 옮김(2010). 『기타 잇키: 천황과 대결한 카리스마』. 교양인.

맥코맥 외/백계문 옮김(1984). 『日本帝國主義의 現況(Japanese Imperialism Today)』. 한마당.

문정인 · 김명섭 외(2007). 『동아시아의 전쟁과 평화』. 연세대학교 출판부.

미와 료이치 지음/권혁기 옮김(2004). 『일본경제사: 근대와 현대』. 보고사.

박영준(2020). 『제국 일본의 전쟁 1868-1945』. 사회평론아카데미.

박종인(2022). "평양에서 기생파티… 淸2, 부패의 바다에 침몰하다" 〈조선일보. 2022/02/23〉

박훈(2014). 『메이지 유신은 어떻게 가능했는가』. 민음사.

배링턴 무어/진덕규 역(1990). 『독재와 민주주의의 사회적 기원』. 까치.

서울대 국제문제연구소 編(1990). 『中國政治經濟事典』. 民音社.

서진영(1992). 『중국혁명사』. 한울아카데미.

성희엽 지음(2016). 『조용한 혁명: 메이지유신과 일본의 건국』. 소명출판.

시드니 렌즈 外 著/서동만 譯(1984). 『군산복합체론』. 지양사.

앤드루 고든 지음/김우영 옮김(2005). 『현대일본의 역사』. 이산.

앨빈 굴드너 지음/김흥명 옮김(1984). 『맑시즘: 批判과 科學』. 도서출판 한벗.

야마다 아키라 지음/윤현명 옮김(2014). 『일본, 군비 확장의 역사』. 어문학사.

야마모토 요시타카 저/서의동 옮김(2019). 『일본과학기술총력전: 근대 150년 체제의 파탄』. 에 이케이커뮤니케이션즈.

야마무로 신이치 지음/정재정 옮김(2010).『러일전쟁의 세기』. 小花.

야스마루 요시오/박진우 옮김(2008).『근대천황상의 형성』. 논형.

吳甲煥(1994).『社會의 構造와 變動』. 博英社.

오타니 다다시 지음/이재우 옮김(2018).『청일전쟁: 국민의 탄생』. 오월의 봄.

오구마 에이지 지음/조성은 옮김((2019).『민주와 애국: 전후 일본의 내셔널리즘과 공공성』. 돌
　　베개.

와다 하루키 지음/이웅현 옮김(2019).『러일전쟁 1, 2』. 한길사.

요시다 유타카 지음/최혜주 옮김(2012.)『아시아 · 태평양전쟁』. 어문학사.

우에하라 카즈요시 외 지음/한철호 · 이규수 옮김(2001).『동아시아 근현대사』. 옛오늘.

윌리엄 맥닐/신미원 옮김(2013).『전쟁의 세계사』. 이산.

윌리엄 애플맨 윌리암스(William A. Williams)/박인숙 역(1995).『미국외교의 비극』. 늘함께.

유진 B. 슬레지 지음/이경식 옮김(2019).『태평양전쟁: 펠렐리우 · 오키나와 전투 참전기 1944-
　　1945』. 열린책들.

이머뉴얼 월러스틴 지음/성백용 옮김(1994).『사회과학으로부터의 탈피』. 창작과 비평사.

이삼성(2009).『동아시아의 전쟁과 평화 1, 2』. 한길사.

이영효(2015).『사료로 읽는 서양사4 :근대편2』. 책과 함께.

이춘근(2020).『전쟁과 국제정치』. 북앤피플.

임석준(2001). "국가와 권력". 김기우 외.『정치학』. 博英社.

장하준 지음/형성백 옮김(2004). 사다리 걷어차기. 도서출판 부키.

장 세노 외/신영준 옮김(1982).『중국현대사 1911-1949』. 까치.

전경갑(2003).『대중문화와 이데올로기』(미출간 원고).

정태헌 지음(2019).『평화를 향한 근대주의 해체』. 동북아역사재단.

정태헌 지음(2022).『혁명과 배신의 시대 : 격동의 20세기, 한 · 중 · 일의 빛과 그림자』. 21세기
　　북스)

조지프 나이 지음/양준희 · 이종삼 옮김(2009).『국제분쟁의 이해: 이론과 역사』. 한울.

존 다우어(John W. Dower)/최은석 옮김(2009).『패배를 껴안고』. 민음사.

존 톨런드(John Toland) 지음/박병화 · 이두영 옮김(2019).『일본 제국 패망사』. 글항아리.

주경철(2009).『대항해시대』. 서울대학교출판부.

찰머스 A. 존슨 지음/서관모 옮김(1985). 『근대국가의 이해』. 도서출판 ㅎ·ㄴ겨레.

케네스 왈츠 저/정성훈 역(2007). 『인간 국가 전쟁: 전쟁의 원인에 대한 이론적 고찰』. 아카넷.

크리스토퍼 피어슨/박형신 외 번역(1998). 『근대국가의 이해』. 일신사.

토머스 L. 프리드먼/신동욱 옮김(2000). 『렉서스와 올리브나무』. 창해.

하마시타 다케시 지음/서광덕·권기수 옮김(2018). 『조공시스템과 근대아시아』. 소명출판.

한도 가즈토시 지음/박현미 옮김(2010). 『쇼와사1: 일본이 말하는 일본 제국사(1926-19450 전
    전편』. 루비박스.

호사카 마사야스 지음/정선태 옮김((2016). 『쇼와 육군』. 글항아리.

후쿠자와 유키치/성희엽 옮김(2020). 『문명론개략』. 소명출판.

홉슨(J.A. Hobson) 저/愼洪範 金鍾澈 共譯(1982). 『帝國主義論』. 創作과批評社.

후지무라 미치오/허남린 번역(1997). 『청일전쟁』. 한림신서.

井上清 著(1953). 『日本の軍国主義 II』. 東京大学出版会.

小熊英二.(2014). 『増補改訂日本という国』. イスート·プレス.

北一輝. "日本改造法大綱," 『現代史資料(5): 国家主義運動(二)』(1964). 東京: みすず書房.

野口悠紀雄(2002). 『新版. 1940年体制 : さらば戦時経済』. 東洋経済新報社.

星野芳郎大(1956). 『現代日本技術史概説』. 大日本図書株式会社.

持株會社整理委員會 編(1951). 『日本財閥とその解体』.

森武麿 外(2002). 『現代日本経済史』. 有斐閣Sシリーズ.

陸軍省新聞班. "国防の本義と其の強化の提唱," 『現代史資料(5): 国家主義運動(二)』(1964). 東
    京: みすず書房.

Downing, M. Brian(2020). *The Military and Political : Origins of Democracy and Autocracy in
    Early Modern Europe*. The Princeton University Press.

Nelson, Keith L. and Spencer C. Olin(1979). *Why War? : Ideology, Theory, and History*.
    University of California Press.

Ruttan, Vernon W.(2001). *Technology, Growth, and Development*. Oxford University Press.

Tilly, Charles Tilly(1985). "War Making and State Making as Organized Crime," in Peter Evans
    eds. *Bringing the State Back In*. Cambridge University Press.

제국의 건설과 전쟁 : 청일전쟁에서 아시아 · 태평양전쟁까지

초판인쇄 2023년 2월 24일
초판발행 2023년 2월 24일

지은이 김진기
펴낸이 채종준
펴 낸 곳 한국학술정보(주)
주   소 경기도 파주시 회동길 230(문발동)
전   화 031-908-3181(대표)
팩   스 031-908-3189
홈페이지 http://ebook.kstudy.com
E-mail 출판사업부 publish@kstudy.com
등   록 제일산-115호(2000. 6. 19)

ISBN 979-11-6983-119-2 93910